FALTPLAN

››Schreiben Sie uns!

Wir hoffen, dass Ihnen dieser Reiseführer gefällt und er Ihnen ein guter Begleiter auf einer außergewöhnlichen und spannenden Reise ist.

Weil ein Reiseführer von Erfahrungen lebt, sind wir an Ihren Erlebnissen interessiert: Haben Sie im Buch ein Restaurant entdeckt, das es nicht mehr gibt, eine Sehenswürdigkeit, die wir noch nicht aufgeführt haben, oder eine falsche Adresse? Dann schreiben Sie uns!

Wir nehmen jeden Hinweis und jede Kritik ernst und arbeiten kontinuierlich daran, die Bücher aktuell zu halten und immer weiter zu verbessern. Auch wenn wir nicht jeden Wunsch erfüllen können, machen wir uns immer Gedanken über Ihre Anmerkungen.

Schreiben Sie an: info@reise-know-how.de oder Reise Know-How Verlag Peter Rump GmbH, Postfach 140666, 33626 Bielefeld

Wenn sich Ihre Infos direkt auf das Buch beziehen, bitten wir um die Angabe der Seitenzahl und der Auflagennummer bzw. des Erscheinungsjahres. Besonders hilfreiche Beiträge belohnen wir mit einem Sprachführer Ihrer Wahl aus unserer „Kauderwelsch"-Reihe.

Herzlichen Dank und gute Reisen
Ihr Reise Know-How Verlag

Diesem Buch wurde hier ein herausnehmbarer Faltplan beigefügt.
Sollte er beim Erwerb des Buches nicht mehr vorhanden sein, fragen Sie bitte bei Ihrem Buchhändler nach.

Liebe Leserin, lieber Leser,

ein unabhängiger Verlag für unabhängig Reisende – das sind wir, der Reise Know-How Verlag aus Bielefeld, eines der letzten Familienunternehmen in der Branche. Obwohl wir zu den größten Reiseführerverlagen Deutschlands gehören, ist der familiäre Umgang miteinander in allen Bereichen des Verlagslebens zu spüren: In der Geschäftsführung in zweiter Generation, in einer wertschätzenden Arbeitsatmosphäre, in der Nähe zu unseren frei arbeitenden Autorinnen und Autoren, im engen Austausch mit unseren Leserinnen und Lesern – und auch in der Zusammenarbeit mit Druckereien in Deutschland, in denen wir ausschließlich und regional unsere Bücher produzieren. Die sollen schließlich erst mit Ihnen auf große Reise gehen.

Alles, was wir in unsere Bücher und Landkarten stecken, soll Ihnen eines ermöglichen: Auf Ihre ganz eigene, individuelle Weise die Welt zu entdecken. Wir wünschen Ihnen viel Freude und unvergessliche Erlebnisse mit diesem Reiseführer.

Es grüßen herzlich
Peter Rump & Wayan Rump

Fehmarn – eine farbenfrohe Insel

Ganz „oben rechts“ liegt sie, die schöne Insel Fehmarn. Was macht sie so besonders? Die Farben sind es. Die Farben im Zusammenspiel mit dem Licht – sie geben der Insel eine unverwechselbare Note. Für diese Farbenvielfalt sorgt vor allem die Natur. Fehmarn ist im Kern eine landwirtschaftlich geprägte Insel geblieben, daran haben auch die vielen Urlauber nichts geändert. Im Frühjahr, wenn alles wächst und blüht, zeigt sich die Insel grün und bunt. Im Mai zieht sie sich ein gelbes Kleid an: Wenn der Raps für zwei, drei Wochen blüht, leuchten weite Flächen knallgelb – eine Farbenpracht zum Niederknien! Zwischendurch schimmern die grünen und goldgelben Teppiche der Getreidefelder, die sich sanft im Wind wiegen, und beides kontrastiert mit dem Blau des Meeres – das ist beinahe kitschig schön.

Und erst der Himmel! Zerrissene Wolken jagen vorbei, verdecken aber niemals allzu lange die Sonne. Die scheint hier übrigens so häufig wie sonst kaum irgendwo in Deutschland. Ja, auf Fehmarn lockt die Natur, locken klare Luft und Ruhe. Kleine Dörfer liegen verstreut über die Insel, eingebettet in weitläufige Felder. Bauernhöfe mit kleinen Tierbeständen werden für Kinder zum Abenteuerspielplatz. Und zum Wasser ist es nie weit. Auch dort zeigt sich Fehmarns Vielfalt: Mal rollt sich ein feiner Sandstrand aus, mal lockt eine raue Steilküste und an anderer Stelle öffnet sich eine weit geschwungene, flache Bucht, ideal für Surfer. Und wer etwas Trubel sucht, fährt nach Burg, in die Inselhauptstadt. Man kann also viel erleben auf Fehmarn – oder einfach die herrliche Ruhe genießen.

Der Autor und die Fotografin

Hans-Jürgen Fründt konnte noch nicht mal laufen, da reiste er schon das erste Mal an die Ostsee, so erzählen es jedenfalls seine Eltern. Das frühkindliche Krabbeln in den Dünen muss prägend gewesen sein, denn als Schleswig-Holsteiner Jung zog es ihn immer wieder an die Küste, oft an die Nordsee, aber genauso gerne an die Ostsee und speziell nach Fehmarn. Bereits seit 1982 arbeitet er als Reisebuchautor. Mittlerweile sind zahlreiche Bücher von ihm erschienen, die meisten im Reise Know-How Verlag, darunter beispielsweise „Ostseeküste Schleswig-Holstein“ und „Nordseeküste Schleswig-Holstein“. Außerdem veröffentlichte Fründt mehrere Titel zu seiner selbsternannten „zweiten Heimat“ Spanien.

Fotografin **Susanne Muxfeldt** begleitet den Autor seit vielen Jahren – auch und gerade an die Ostsee. Jedes Mal ist sie erneut begeistert vom wechselhaften Licht und der Vielfalt der fotografischen Motive zwischen Dünen, Strand und historischen Bauten.

015fn-mux

Meine

008fm-mux

3 St.-Nikolai-Kirche in Burg [F5]

In der Inselhauptstadt kann es schon etwas quirlig und hektisch zugehen. Da tut manchmal ein Ruhepol gut und den bietet die St.-Nikolai-Kirche. Einfach eintreten, Platz nehmen und die stilvolle Schlichtheit auf sich wirken lassen. Die dicken Wände verschlucken den Straßenlärm, eine angenehme Stille macht sich breit – Entspannung geht so einfach (s. S. 17).

110fm-hj

Kleine Pause in Neue Tiefe

Nach einer anstrengenden Wanderung oder einer Radtour ist so mancher Urlauber dankbar für einen gemütlichen Platz zum Ausruhen. So wie hier in Neue Tiefe auf dem Weg zum Südstrand 13. Platz nehmen, aufs Meer blicken, alle Viere von sich strecken und nichts tun, nichts denken. Einfach genießen ... (s. S. 14).

010fm-hj

16 Steilküste von Staberhuk [I6]

Die Ostsee gilt eigentlich als liebliches Gewässer, aber sie kann durchaus rau sein. Auf Fehmarn hat sie eine schroffe, urzeitlich anmutende Steilküste mit steinigem Untergrund modelliert. Abseits der gängigen Routen und ganz besonders malerisch präsentiert sich die Küste in der Nähe des Leuchtturms von Staberhuk (s. S. 36).

011fm-hj

38 Hafen von Orth [B5]

Hier gibt es sie noch, eine Prise Hafenromantik. Zahlreiche Segelboote dümpeln im Hafenbecken, Segel knattern im Wind und Fender knirschen an den Dalben, während kreischende Möwen elegant vorbeisegeln. Lässig hockt man in einem der Terrassenlokale, blickt verträumt aufs Wasser und vergisst die Zeit (s. S. 71).

Lieblingsorte

Hof Café Albertsdorf

Eine Radtour führt in den Inselwesten, wir erreichen Albertsdorf 33. Unübersehbar lädt das Sonnenblumenschild ins Café ein. Runter vom Sattel, rein in den Strandkorb und auf der Terrasse ein Stück von diesem himmlischen Blechkuchen genießen, bei fröhlichem Vogelgezwitscher. Sollte es zufällig gerade die Inselspezialität Kröpel geben, unbedingt probieren (s. S. 64)!

012fm-mux

28 Fehmarnsund [D7]

Groß ist der Ort nicht. Einen kleinen, netten Strand gibt es, der zum Sonnen und Baden allemal ausreicht. Das Beste jedoch ist der unschlagbare Blick auf die mächtige Fehmarnsundbrücke, den man gratis dazu bekommt (s. S. 59).

013fm-hj

Rapsblüte in Petersdorf 24

Im Wonnemonat Mai, wenn der Raps blüht, küsst Gelb das Blau des Himmels. Die halbe Insel zieht sich für ein paar Wochen ein quietschgelbes Kleid an und leuchtet unglaublich intensiv. In Petersdorf feiert man diese Zeit mit einem Fest und wählt auch eine standesgemäße Rapskönigin (s. S. 102). Ich feiere mit!

007fm-mux

Im Strandkorb

Die Sonne brennt vom Himmel, eine leichte Brise streichelt die Haut, sanft brechen sich die Meereswellen am Ufer im immer gleichen Rhythmus. Ich schaue der vorbeischwebenden Möwe nach, eine wohlige Entspannung macht sich breit. My Strandkorb is my castle (s. S. 83).

014fm-mux

Inhalt

Bewertung der Sehenswürdigkeiten
★★★ nicht verpassen
★★ besonders sehenswert
★ wichtig für speziell interessierte Besucher

Planquadrat im Kartenmaterial
[A1] Orte ohne diese Angabe liegen außerhalb unserer Karten. Ihre Lage kann aber wie die aller Ortsmarken mithilfe der begleitenden Web-App angezeigt werden (s. Anhang).

Updates zum Buch
www.reise-know-how.de/inseltrip/fehmarn23

WULFENER HALS
CAMPING ★★★★★ FERIENPARK
GEFRAGTESTER CAMPINGPLATZ 2022
DEUTSCHLANDS TOP 100
PLATZ 1
PiN CAMP
Leading Campings
Camping, Mietwohnwagen
Mobilheime
Apartments, Hotelzimmer
Ferienhäuser
Surfen, Kiten, SUP, Tauchen, Wakeboarden
Separater Wohnmobilpark
Direkt am 18-Loch-Golfpark
Beheizter Swimmingpool
Animation und Abend-Entertainment
Vielfältige Strandbereiche
Top-Surfrevier
9 und 18-Loch-Golfplatz
Beheizter Pool und Saunalandschaft
Camping- und Ferienpark Wulfener Hals
Wulfen, 23769 Fehmarn · Tel. (0 43 71) 86 28 – 0
Fax (0 43 71) 37 23 · info@wulfenerhals.de
ADAC Superplatz 2023
ADAC
2003-2023
TopPlatz
AWARD 2022
camping.info
DCC, ECC
CAMPINGPLATZ KLASSIFIZIERUNG
BVCD
DTV
SUPERIOR
EMAS
www.wulfenerhals.de

Benutzungshinweise

Orientierungssystem

Die im Kapitel „Fehmarn entdecken“ beschriebenen Sehenswürdigkeiten sind mit einer **fortlaufenden magentafarbenen Nummer** gekennzeichnet, die sich als Ortsmarke im Faltplan wiederfindet. Steht die Nummer im Fließtext, verweist sie auf die Beschreibung dieser Sehenswürdigkeit. Die Angabe in **eckigen Klammern** verweist auf das Planquadrat im Faltplan oder auf den Ortsplan. Beispiel:
9 Hafen Burgstaaken ★★ [F6]

Alle weiteren Points of Interest wie Unterkünfte, Restaurants oder Cafés sind mit einer Nummer in **spitzen Klammern** versehen. Anhand dieser eindeutigen Nummer können die Orte in unserer speziell aufbereiteten Web-App unter www.reise-know-how.de/inseltrip/fehmarn23 lokalisiert werden (s. S. 144). Beispiel:
› **Altes Zollhaus** €€ <060>

Beginnen die Points of Interest mit einem **farbigen Quadrat,** so sind sie zusätzlich im jeweiligen Ortsplan eingezeichnet:
■ **Strandhotel Bene** €€€ <012>

Der Schmetterling …

… zeigt an, wo man besonders gut Natur erleben kann oder Angebote im Bereich des nachhaltigen Tourismus findet.

Kinder-Tipps

Das Symbol kennzeichnet Sehenswertes, Unterkünfte und Aktivitäten, an denen auch kleine Urlauber ihre Freude haben.

Vorwahlen

Fehmarn hat **zwei Vorwahlen.** Für die meisten Orte gilt **04371,** aber für eine Zone im **Inselwesten** gilt **04372.** Bei allen Telefonnummern in diesem westlichen Bereich ist die Vorwahl in diesem Buch mit angegeben, bei sämtlichen anderen Telefonnummern ist sie nicht genannt – dann wählt man vorher die 04371.

Postleitzahl

Die Postleitzahl lautet 23769 (für das Navi).

Preiskategorien

Gastronomie

Die Preise gelten für ein Hauptgericht ohne Getränke.

€	bis 15 €
€€	15–25 €
€€€	über 25 €

Ferienunterkünfte

Alle Preise beziehen sich auf die Hauptsaison Mitte Juni–Ende August. Sie gelten für ein DZ mit Frühstück bzw. eine Ferienwohnung für zwei Personen.

€	bis 100 €
€€	100–170 €
€€€	über 170 €

Campingplätze

Preis für einen Stellplatz sowie zwei Erwachsene und ein Kind:

€	bis 25 €
€€	25–30 €
€€€	30–35 €
€€€€	über 35 €

FEHMARN ENTDECKEN

Fehmarn im Überblick

Fehmarn hat eine **Fläche** von 185 km², die Küste misst insgesamt 78 km. Von den rund 12.800 **Einwohnern** leben 6000 in der **einzigen Stadt Burg**, der Rest verteilt sich auf insgesamt 42 Dörfer. Anfang 2003 kam es zu einer richtungsweisenden Gebietsreform. Die Stadt Burg fusionierte mit allen Inselgemeinden und Dörfern zu einem neuen politischen und administrativen Gebilde namens **Stadt Fehmarn.** Somit wurde die gesamte Insel zur Stadt erklärt, die damit nach Lübeck die flächenmäßig zweitgrößte Stadt in Schleswig-Holstein ist.

Trotz gut 300.000 Touristen, die alljährlich kommen, und 1,1 Mio. Übernachtungen ist die Insel nach wie vor von der **Landwirtschaft** geprägt, die für die Insulaner eine wichtige Einnahmequelle darstellt. In fast jedem Dorf gibt es **Bauernhöfe.** Inzwischen haben eine ganze Reihe von Fehmarnern ihre alten Scheunen und Ställe zu Ferienwohnungen umgebaut haben. So werden in fast allen Dörfern, und seien sie noch so klein, **Unterkünfte** angeboten. Dies hat zur Folge, dass sich der **Tourismus** über die ganze Insel verteilt. Geballt tritt er aber nur an einer Stelle auf, nämlich am **Südstrand** ⓭. Nur hier wurden in den 1970er-Jahren Hunderte von Ferienwohnungen für Touristen gebaut, dazu ein großer Jachthafen und eine Straße zur Inselhauptstadt. Da sich dort gleichzeitig der wohl schönste Strand der Insel befindet, war diese Entwicklung beinahe zwangsläufig.

Ansonsten kommt es kaum zu touristischen Ballungen. Der Urlauber lebt in seinem Dorf und passt sich schnell dem lokalen Rhythmus an. Fehmarn-Urlauber wollen überwiegend den Kontakt mit der Natur, und den bekommen sie unmittelbar. Auch zieht es viele **Surfer** und **Kitesurfer** nach Fehmarn (s. S. 86). Es gibt mehrere Reviere: Einige sind sehr flach und damit ausgezeichnet für Einsteiger geeignet, andere sind anspruchsvoller und kommen nur für Könner in Frage.

Es gibt **drei Naturschutzgebiete** auf Fehmarn: Grüner Brink (s. S. 50), ein 2,5 km langes Feuchtgebiet; Krummsteert (s. S. 75), ein fragiler Nehrungshaken im Südwesten, der immer noch weiter wächst, und das Wasservogelreservat Wallnau ㊵, ein Schutzgebiet für Vögel, die hier aus gut getarnten Unterständen beobachtet werden können.

Der **Hauptort** ist **Burg.** Hier gibt es von allem das größte Angebot, seien es kleine Geschäfte, große Supermärkte, Restaurants oder Hotels. Ein Nachtleben findet ebenfalls nur in Burg statt, in den meisten anderen Orten gibt es gar keine Lokalität oder sie schließt schon sehr früh.

Die Beschreibungen in diesem Buch sind in **drei regionale Bereiche** unterteilt, deren Trennlinien grob zwei markante Hauptstraßen markieren: die Zubringerstraße von Burg nach Puttgarden ⓳ und die Hauptstraße von Burg nach Petersdorf ㉔. Die so definierten kompakten Räume lassen sich auch jeweils gut mit dem Fahrrad erkunden.

⊡ Blütenpracht pur: Frühling auf der Sonneninsel

⊡ Vorseite: Fehmarner Idylle mit Schafen und Windrädern

016fm-hj

Wie die Insel erkunden?

Fehmarn ist eine **flache Insel** und sie ist durchzogen von etlichen, teils sehr schmalen Straßen und Wegen – ideal, um sie **per Fahrrad** (s. S. 92) zu erkunden. Die einzelnen Orte liegen nicht sehr weit voneinander entfernt und sind hervorragend ausgeschildert. Obendrein wurden unter dem Motto **Fehmarn-Wege** mehrere Fahrradstrecken abseits der Hauptstraßen angelegt. Diese vorbildlich gestalteten Radwege sollen noch mehr zum Radeln animieren, zumal einige Strecken wunderbar durch die Natur oder unmittelbar entlang der Küste führen. Der einzige Haken beim Radeln auf Fehmarn: Mit Wind muss man immer rechnen, denn nicht umsonst gilt Fehmarn als beliebtes Ziel für Surfer.

Per Auto (s. S. 121) kann Fehmarn natürlich auch erkundet werden. Es gibt sehr gute Hauptstraßen und etliche Nebenstraßen, die aber meist recht schmal sind und von Fahrradfahrern genutzt werden, was durchaus zu Konflikten führen kann. Die **Parkplatzmöglichkeiten** sind unterschiedlich gut: Am Südstrand 13 und in Puttgarden 19 gibt es genug Plätze, an den Strandzugängen der einzelnen Dörfer kann es manchmal schon etwas eng werden. Burg, die Inselhauptstadt, hat eine größere Parkfläche (s. S. 27), aber es wird auch regelmäßig sehr voll im Ort.

Die Insel **per Bus** zu erkunden, ist zwar möglich, aber man muss sich die Fahrpläne vorher genau anschauen, sonst kommt es zu längeren Wartezeiten. Neben den wenigen **Linienbussen** (s. S. 130), die zu den

017fm-mux

Inselsteckbrief

- **Lage:** Fehmarn liegt in der Ostsee zwischen Schleswig-Holstein und Dänemark, die Insel ist durch die Fehmarnsundbrücke (s. S. 60) mit dem Festland verbunden.
- **Fläche und Landschaften:** Fehmarn ist 185 km² groß. Die Insel zeichnet sich durch abwechslungsreiche Landschaften aus. Die Ostseite besitzt eine Steilküste mit Naturstrand, während im Süden beim Südstrand (13) und in Wulfen (26) ein feiner Sandstrand verläuft. Die Nordküste ist von einem schmalen Sandstrand mit leichtem Dünenbewuchs geprägt, außerdem liegen hier ein Dünensee und ein Naturschutzgebiet. Im Süden öffnet sich eine weite, sehr flache Bucht.
- **Einwohner:** Auf der Insel leben insgesamt ca. 12.800 Einwohner, verteilt auf 42 Orte, etwa 6000 davon wohnen im Hauptort Burg. Im Jahr 2003 wurden alle Ortschaften administrativ zusammengefasst zur Stadt Fehmarn.
- **Tourismus:** Fehmarn zählt zu den sonnenreichsten Gegenden in Deutschland und wird alljährlich von etwa 300.000 Gästen besucht, Tagesgäste sind hier noch nicht eingerechnet.

eher größeren Orten fahren, gibt es noch den sogenannten **Bürgerbus** (s. S. 130), ein von Bürgern für Bürger und Besucher organisierter Busdienst, der auf mehreren Routen die touristisch wichtigsten Orte ansteuert. Alle Buslinien sind zentral auf Burg ausgerichtet.

⌃ *Flaches Eiland: Fehmarn ist ideal zum Fahrradfahren*

Burg

Als so etwas wie Fehmarns „**Inselhauptstadt**" gilt Burg, das mit rund 6000 Einwohnern auch der mit Abstand **größte Ort der Insel** ist. Burg liegt am südlichen Rand Fehmarns, eigentlich einen guten Kilometer von der Küste entfernt. Aber mittlerweile erstreckt sich das Stadtgebiet bis zum **Hafen**, der einen eigenen Namen trägt: **Burgstaaken** 9. Eine schnurgerade Straße verbindet „Burg-City" mit Burgstaaken. Der eigentliche **Ortskern** mit seinen historischen Gebäuden liegt **entlang der Breiten Straße** 1 zwischen St.-Nikolai-Kirche 3 und dem Platz Am Markt.

Von Burg sind es nur knapp 3 km bis zum **Südstrand** 13. Dieser feine Sandstrand verläuft auf einem Nehrungshaken, der den Namen **Burgtiefe** trägt. Hier entstanden unzählige Ferienwohnungen, auch drei siebzehnstöckige Betonmonster. Dennoch findet man hier den wohl bekanntesten und auch schönsten Strand der ganzen Insel.

Die wichtigsten Straßen des Eilands führen nach Burg – die Stadt ist das **wirtschaftliche Zentrum Fehmarns.** In der Stadtmitte verbinden sich die Zufahrtswege zu einer einzigen Hauptstraße, die unglücklicherweise durch die Breite Straße verläuft und den Verkehr am anderen Ende der Stadt wieder ausstößt. Etwas verkehrsberuhigend wirkt eine Einbahnstraßenregelung, aber wenn in der Saison die halbe Insel zum Bummeln nach Burg kommt, ist das Verkehrsaufkommen hoch. Da bleibt dann nur, das Auto möglichst schnell auf dem **Großparkplatz an der Osterstraße** (s. S. 27) abzustellen.

Burg ist auch das **touristische Zentrum der Insel:** Hier konzentrieren sich das breiteste Einkaufsangebot, viele Lokale, Museen, historische Gebäude, ein schöner Strand (der bereits erwähnte Südstrand) und einige maritime Ausflugsangebote (vom Hafen Burgstaaken aus). Kein Wunder, dass die Urlauber, die über die ganze Insel verstreut wohnen, regelmäßig in die „Inselhauptstadt" strömen. Die meisten Geschäfte sind übrigens auch am Sonntag geöffnet. Etliche große Supermärkte liegen am Ortsrand und an der Breiten Straße; sie locken nicht nur Urlauber, sondern auch skandinavische Nachbarn, die sich dort unübersehbar vornehmlich mit Alkoholika eindecken.

In der **schmucken Altstadt** ist die kopfsteingepflasterte **Breite Straße** die Hauptarterie. Etliche Lokale, viele mit Außenterrasse, finden sich hier. Zudem gibt es jede Menge Läden zum Stöbern, wie auch in den kleinen, teils etwas versteckt liegenden Stichstraßen, die zur Osterstraße führen. Historisch Interessierte können das **Fehmarn-Museum Burg** 2 besuchen, Kunstfreunde die **Ernst-Ludwig-Kirchner-Dokumentation** 4. Oder man erkundet die Unterwasserwelt im **Meereszentrum Fehmarn** 5, eine spannende, lebendige Ausstellung im Industriegebiet am Ortsrand.

Eine Besichtigung des **Hafens Burgstaaken** darf ebenfalls nicht fehlen. Noch immer landen dort Fischerboote an, verkaufen teilweise ihren Fang direkt vom Kutter. Außerdem können das **U-Boot-Museum** 11 und das **Übersee-Museum** 12 besucht werden. Mutige klettern an einer Silowand hoch (Silo Climbing 10). **Fischlokale** finden sich hier natürlich auch. Und einmal ums Eck kommt man zum bereits erwähnten Südstrand.

Geschichte

Im Jahr 1210 war Fehmarn als **Seeräubernest** verrufen. Deshalb ließ der dänische König **Waldemar II.** (1170–1241) im Süden des Eilands zum Schutz der Insel – vor allem aber zum Schutz der Schifffahrt – eine Burg (Burg Glambek ⓮) errichten. Bereits 1202 veranlasste Waldemar, alle Dörfer und ihre Bewohner auf der Insel zu zählen; damit galten sie als steuer- und abgabenpflichtig. Das Ergebnis: 36 Dörfer und ein **„Castro"**, eine befestigte Siedlung, die spätere Stadt **Burg.** Sie besaß einen Hafen, der damals noch an anderer Stelle lag und über einen Wasserweg mit dem Burger Binnensee verbunden war.

Über diesen **Hafen** flossen Waren auf die Insel, ein Marktplatz entstand. Der kleine Marktflecken entwickelte sich rasch, denn er galt als eine Art Vorposten der **Lübecker Hanse;** umgekehrt konnten die Fehmarner Bauern ihren guten Weizen zum Festland verschiffen. Bereits 1550 zählte Burg 1000 Einwohner. Allerdings verlandete der Hafen mit der Zeit, Kriege und die Pest taten ein Übriges. Burg hatte an wirtschaftlichem Glanz eingebüßt. Da der erste Hafen nicht mehr existierte, baute man einen neuen Hafen am Burger Binnensee, genannt **„Dat nye Deep"** („Die Neue Tiefe"); diese Bezeichnung hat sich bis heute gehalten. Aber auch dieser Hafen hatte nicht lange Bestand. In **Burgstaaken** ❾ wurde schon seit Mitte des 18. Jh. eine Stelle an der Nordseite des Binnensees als eine Art Ersatzhafen genutzt. Diese Stelle wurde ab 1857 und noch einmal ab 1871 ausgebaut. Hier befindet sich noch heute der Hafen von Burg. Die Lage auf der Insel besserte sich nicht nur durch den neuen Hafen, sondern auch durch eine beginnende, wenngleich bescheidene **Industrialisierung** und durch die **Eisenbahnverbindung,** die es später sogar mit Fähranschluss zum Festland gab.

Anfang des 20. Jh. wurde Burg ausgebaut, einige **bedeutende Häuser** entstanden, die heute noch existieren – so beispielsweise die Post (1905, heute geschlossen), der damalige Bahnhof (1905, ebenfalls geschlossen) oder das Rathaus (1901). Auch einige Villen wurden errichtet, die heute teilweise noch in den Seitenstraßen von Burg zu finden sind. Ebenso wurde der heutige Marktplatz angelegt.

Nach dem Zweiten Weltkrieg kam mit den Urlaubern neuer Schwung auf die Insel. Der Tourismus erhielt einen gewaltigen Schub durch die Eröffnung der **Fehmarnsundbrücke** (s. S. 60) und durch die großzügige Bebauung am **Südstrand** ⓭. Im Jahr 2003 kam es zu einer inselweiten Fusion aller Gemeinden zur **Stadt Fehmarn;** Burg gab damit sein bisheriges alleiniges Stadtrecht auf.

❶ Breite Straße ★★ [F5]

Die Straße trägt noch immer klassisches **Kopfsteinpflaster** und wird von etlichen **hohen Bäumen** gesäumt. Viele der Häuser wurden schon vor gut 100 Jahren erbaut, unübersehbar zählt dazu beispielsweise das Rathaus. In der Saison ballt sich hier tagtäglich der Strom der Neugierigen. Von genussvollem Bummeln kann mitunter kaum die Rede sein – dies als Hinweis speziell für Eltern mit Kleinkindern. Andererseits bietet die Breite Straße das **größte gastronomische Angebot** der ganzen Insel. Genügend Lokale locken zum Verweilen gegen den kleinen und großen Hunger, nicht wenige haben eine Außenterrasse zur Straße hin.

Die Breite Straße verbindet den kleinen Kirchhügel der St.-Nikolai-Kirche 3 mit dem offenen Marktplatz. Entlang dieser Straße steht das **älteste Haus der Insel** aus dem Jahr 1611 – hier ist heute das **Fehmarn-Museum Burg** 2 untergebracht. Schräg gegenüber unter der Hausnummer 28 befindet sich das helle **Senator-Thomsen-Haus**, erbaut 1783 und heute Sitz einer Kultureinrichtung. Neben dem Eingang hängt noch ein Schildchen mit der alten Ortsbeschreibung „1. Quartier Nr. 31", aus der Zeit, als Burg noch in fünf Quartiere unterteilt war.

Vor dem benachbarten Restaurant Doppeleiche (s. S. 30) steht tatsächlich eine **Doppeleiche**, 1898 zur Erinnerung an die Vereinigung von Schleswig und Holstein gepflanzt. Am **Markt** findet man das 1901 gebaute **Rathaus**, der Marktplatz selbst wird von weiteren historischen Gebäuden und stattlichen Ulmen begrenzt. Hier findet man einige Geschäfte und Restaurants, letztere besitzen meist eine große Terrasse zum Platz hin.

Direkt hinter der St.-Nikolai-Kirche verläuft als Verlängerung der Breiten Straße Richtung Hafen die Süderstraße. Von dort zweigt die kurze Straße **Badstaven (Badestuben)** mit einem historischen Kopfsteinpflaster ab, an der weitere schmucke ältere Häuser stehen.

Am oberen Bereich dieser Straße findet sich ferner die Station 2 des **Ernst-Ludwig-Kirchner-Wanderweges.** Der berühmte Brücke-Künstler (s. Exkurs S. 38) malte 1908 an dieser Stelle sein Bild „Bauernhäuser auf Fehmarn"; eine kleine Infotafel zeigt das Motiv, wie es damals aussah, und gibt erklärende Hinweise.

2 Fehmarn-Museum Burg ★★ [F5]

Das liebevoll eingerichtete Heimatmuseum, auch bekannt als **Peter-Wiepert-Museum**, befindet sich im ältesten Haus der ganzen Insel. Ursprünglich (seit 1897) bestand das Museum nur aus den Räumen der

Im Zentrum von Burg locken gemütliche Lokale

101fm-hj

ehemaligen Lateinschule, später kam u.a. das einstige **Predigerwitwenhaus** aus dem Jahr 1581 dazu. Da die Gebäude so alt sind, muss man ein wenig aufpassen, um sich an den **niedrigen Deckenbalken** nicht den Kopf zu stoßen.

In insgesamt **23 Räumen** auf drei Etagen ist ein sehr ausführlicher Querschnitt durch die **Fehmarner Historie** zusammengetragen, der zahlreiche Themen abdeckt: Gezeigt werden etwa Handwerksgeräte aus vergangenen Jahrhunderten, Fotos von Familien der Jahrhundertwende und Vertretern einzelner Zünfte; auch die Fehmarner Schifffahrt wird beleuchtet. Die Einrichtungen einer Altfehmarner Hausstelle und die Fehmarner Post werden ebenso vorgestellt wie Erinnerungen an den **plattdeutschen Dichter Klaus Groth** aus Dithmarschen (s. Exkurs „Plattdüütsch schnacken" S. 34), der nach schwerer Krankheit eine Zeit lang auf Fehmarn zur Genesung verbrachte. Sehenswert sind auch ein großer Webstuhl, die „gute Stube" eines wohlhabenden Insulaners, Literatur über Fehmarn *op platt* und Schiffsmodelle, außerdem auch Trachten und eine Ausstellung zum Thema *Mudder maak sik smuck* („Mutter macht sich fein oder hübsch").

Eine Abteilung beschäftigt sich ausschließlich mit dem Thema **Aberglaube.** Vorgestellt werden beispielsweise bestimmte Steine, denen magische Kräfte nachgesagt wurden, oder ein Draht, der, in die Kleidung genäht, einem Kind das Schreien abgewöhnen sollte. Ein anderer Raum ist den herumziehenden Tagelöhnern, den sogenannten **Monarchen**, gewidmet und stellt die Zeichen vor, die sie an Bäumen und Zäunen anbrachten, um Nachfolgende über die Eigenarten der Bauern zu informieren (s. rechts).

An der Außenwand des Museums hängt eine **Gedenktafel** zur Erinnerung an **Lord Strang of Stonesfield**, der nach dem Ende des Zweiten Weltkriegs standhaft die britische Position vertrat, nach der Fehmarn nicht der sowjetischen Besatzungszone zugeschlagen werden konnte (s. Exkurs „Fehmarn – britisch oder russisch?" auf S. 118).

› Breite Str. 49, Tel. 6257, www.museum-fehmarn.de, geöffnet: Juni–Okt. Di.–Sa. 11–16 Uhr, Eintritt: Erw. 3,50 €, mit Ostseecard 3 €, bis 18 Jahre frei

019fm-hj

Monarchen und ihre Geheimzeichen

Nicht wenige Fehmarner Bauern galten auch in früheren Zeiten als wohlhabend, denn sie besaßen stattliche Höfe mit großen Flächen. Diese zu bestellen, war nicht ohne fremde Hilfe möglich. Dafür wurden Knechte, Mägde oder Tagelöhner gebraucht. Letztere kamen vor allem zur Erntezeit auf die Insel, wussten sie doch, dass es dort Lohn und Brot gab. Ein buntes Völkchen zog so durch die Lande und klopfte an die Türen: Gestrauchelte, Entwurzelte, herumziehende Landarbeiter. Nichtsesshafte würde man heute sagen. Ihre Freiheit erklärten sie zu ihrem höchsten Gut, nannten sich selbst „Monarchen". Dieser plattdeutsche Begriff steht noch heute in vielen Gegenden Norddeutschlands für Bettler. Obwohl sie mehr als das waren: Sie bettelten nicht um milde Gaben, sondern boten ihre Arbeitskraft an. Sie schliefen auf Dachböden, im Stroh oder im Freien. War die Arbeit beendet, zogen sie weiter, aber nicht, ohne vorher die nächste Kneipe geentert und den Lohn häufig flugs wieder auf den Kopf gehauen zu haben.

Sie waren wilde Gesellen, die nützlich und zugleich unbeliebt waren. Zeitweise sollen bis zu 2000 Monarchen über die Insel gezogen sein. Neigte sich die Erntezeit dem Ende entgegen, wurden die Monarchen von dem Bauern, bei dem sie zuletzt gearbeitet hatten, mit dem Boot aufs Festland gebracht. Erst dort zahlte man ihnen den Lohn für ihre Arbeit.

Monarchen entwickelten ein eigenes Kommunikationssystem. An den Türen, Bäumen oder Ställen wurden unauffällige Zeichen angebracht, leicht zu übersehen, aber für den Kundigen aussagekräftig genug. So warnte man sich gegenseitig vor rabiaten Bauern, berichtete, wo es gutes oder schlechtes Essen gab, ob der Bauer gutmütig oder streng und ob der Pfarrer leicht zu beschwatzen sei. Beispiele für diese Zeichen können im Fehmarn-Museum Burg ❷ besichtigt werden.

Die Ära der Monarchen ging schließlich schleichend zu Ende, der Einsatz von großen Maschinen machte sie irgendwann schlicht überflüssig.

❸ St.-Nikolai-Kirche ★★★ [F5]

Die schmucke St.-Nikolai-Kirche steht etwas erhöht am südlichen Ende der Breiten Straße ❶ und prägt so entscheidend das Ortsbild von Burg. Innen zeigt sie einige bedeutende Kirchenschätze und ist ein angenehmer Ruhepol inmitten der belebten Innenstadt von Burg.

Die **Christianisierung** der Insel begann etwa Ende des 12. Jh., als eine erste kleine Kapelle unweit vom heutigen Ort Puttgarden ❿ errichtet wurde, die Peter-und-Paul-Kapelle ⓴. Um 1230 ließ der damalige König eine Kirche in Burg erbauen, diese wurde 1231 erstmals urkundlich erwähnt. Sie ist dem **Patron der Seefahrer** gewidmet, dem Heiligen Nikolaus. Damals war die Kirche noch kleiner. Sie wurde erst im 15. Jh. nach Osten verlängert, 1505 erfolgte eine abermalige Verlängerung. Mindes-

◁ Das Fehmarn-Museum Burg ❷ logiert im ältesten Haus der Insel

020fm-mux

tens einen Meter über dem Straßenniveau liegt der Kirchplatz mit dem Friedhof davor. Der heutige, quadratische **Turm** entstand ab 1513. Er besteht aus rotem Stein, während der untere Teil aus wuchtigen Granitblöcken errichtet wurde, die man gut in der Außenmauer der gesamten Kirche erkennen kann. Oben trägt der Turm eine achteckige Haube, nachdem eine frühere fast 30 m hohe Spitze während eines Sturms zerstört wurde. Der heutige Turm misst 48 m und ist weithin sichtbar.

Beim Betreten fällt zunächst die **Schlichtheit** in der Bauweise ins Auge. Von außen wirkt die Kirche durch die roten Backsteine etwas düster, innen präsentiert sie sich durch große, weiße Steine angenehm hell. Der **Hauptaltar** besteht aus einer gotischen Schnitzarbeit aus dem 14. Jh. Er zeigt Szenen der Passions- und Ostergeschichte, im Zentrum befindet sich die Figurengruppe „Christus als Weltenrichter" und darunter Jesus am Kreuz.

Sehr schön sind auch die drei **Fenster mit Glasmalereien,** die folgende Themen zeigen: Geburt Christi (links), Christus am Kreuz (Mitte) und Auferstehung (rechts). Links vor dem Altar steht ein **Taufbecken** aus Bronze in Form eines Pokals aus dem Jahr 1391. Es steht auf drei Löwen, die Kraft und Stärke versinnbildlichen. Eine lateinische Inschrift deutet an, dass das Becken ursprünglich aus der schwedischen Stadt Västerås (ca. 60 km westlich von Stockholm) stammt. Darüber hängt ein Votivschiff, eine Hansekogge.

Vor dem Mittelgang steht die **Kanzel**, die 1667 geschaffen wurde. An der südlichen Wand hängen Epitaphien, die an verdiente Bürger aus Burg erinnern. Links befindet sich ein kleiner Andachtsraum, das **Likhus** („Leichenhaus"), über dessen Eingangsbereich eine Wandmalerei den Heiligen Nikolaus darstellt. Im Likhus befindet sich ein Klappaltar, auf dessen Flügeln sieben Sätze von Jesus am Kreuz in plattdeutscher Sprache (s. Exkurs „Plattdüütsch schnacken" S. 34) geschrieben stehen. Etwa in der Mitte der linken Wandseite steht der Blasius-Altar, ein spätgotischer Flügelaltar aus dem Jahr 1513. Er zeigt Szenen vom Martyrium des Heiligen Blasius im 4. Jh. unter den Römern.

⌃ Der Turm der St.-Nikolai-Kirche ❸ überragt die ganze Stadt

Der hintere Bereich wird von der gewaltigen **Orgel** eingenommen, erbaut 1662–1664. Ursprünglich stand sie in Glückstadt, einer Stadt im westlichen Schleswig-Holstein an der Elbe; sie wurde aber 1940 nach Fehmarn verkauft. Wer entlang des Mittelgangs vom Altar zur Orgel geht, dem werden die kunstvoll geschnitzten Wappen an den Stirnseiten der Sitzreihen auffallen.

Leicht zu übersehen ist eine gotische **Inschrift** an der Außenwand (von der Breiten Straße am Museum vorbeikommend sichtbar). Die Tafel stammt von 1425 und erzählt vom Bau des Chorraums.

› Breite Str. 47, Tel. 2250, www.kirche-fehmarn.de, geöffnet: April–Okt. tgl. 10–16 Uhr, im Sommer auch länger, Führungen im Sommer dienstags, Turmbesteigung Juli/Aug. samstags

4 Ernst-Ludwig-Kirchner-Dokumentation ★★ [F5]

Am nördlichen Ende der Breiten Straße 1 nach links in die Bahnhofstraße geschwenkt, wird alsbald ein **kleiner Park** erreicht. Dort befindet sich die **Stadtbücherei** mit der Ernst-Ludwig-Kircher-Dokumentation, die sich dem berühmten Maler des Expressionismus widmet.

In der oberen Etage sind Bilder von **Ernst Ludwig Kirchner** (1880–1938, s. Exkurs S. 38) ausgestellt; es handelt sich um **Reproduktionen** von durchaus schön zusammengestellten Fehmarner Motiven, teilweise in Originalgröße. Sie bieten dem Betrachter Einblick in eine Welt, wie sie Kirchner erlebte und wie man sie zum Teil heute noch wiederfindet.

Während seiner **vier Aufenthalte auf Fehmarn** schuf der Maler etwa 120 Bilder. So malte er beispielsweise die schier endlosen Rapsfelder, die alten Gebäude in Burg, die Kirchen, den Leuchtturm und die Steilküste von Staberhuk 16 oder die dortige Scheune mit der geschwungenen Vorderfront, die es heute noch gibt (s. Wanderung 1 S. 88). Man muss nur mit offenen Augen die Insel durchstreifen, so wie es einst auch Kirchner tat.

Im Sommer finden jeden Sonntag kostenlose **Führungen** statt. Außerdem hat das Dokumentationszentrum **vier Touren zu Ernst-Ludwig Kirchners Fehmarn-Motiven** zusammengestellt. Ein Wanderweg verläuft durch Burg, Ausgangspunkt ist die Stadtbücherei. Eine 18 km lange Radtour bringt den Besucher nach Wulfen 26, eine 21 km lange Radwanderung führt nach Staberhuk. Die dritte Radtour umfasst auch einen 2,5 km langen Fußweg um die östliche Inselspitze bei Staberhuk, wo der Maler beim Leuchtturmwärter lebte. Eine **Landkarte** mit Markierungen seiner Motive und Malorte kann in der Kirchner-Dokumentation gegen geringe Gebühr erworben werden – eine tolle Gelegenheit, seine Bilder mit der heutigen Wirklichkeit abzugleichen.

Wie sagte Kirchner doch einst selbst über seine Werke: „Meine Arbeit soll dem Betrachter mitteilen: einen ästhetischen, freien Genuss, eine neue Schönheit des Lebens, ein Geheimnis des inneren Lebens und der sonst nicht mitteilbaren Beziehung von Wesen und Dingen untereinander."

› Stadtbücherei, Bahnhofstr. 47, Tel. 506144 (Stadtbücherei) u. 1222 (Verein), www.kirchnervereinfehmarn.de, geöffnet: Mo.–Fr. 9.30–12 Uhr, Mo./Di./Do./Fr. auch 14.30–18.30 Uhr, Eintritt frei

5 Meereszentrum Fehmarn ★★★ [F5]

Tief eintauchen und staunen über die farbenfrohe, geheimnisvolle Welt der tropischen Fische. Und einem Hai direkt in die Augen schauen – im Meereszentrum Fehmarn ist dies ganz gefahrlos möglich.

Mit seinen rund **35 Schauaquarien** bietet es spannende Einblicke in die mannigfaltige Unterwasserflora und -fauna. Dies ist die Sehenswürdigkeit, die sich wohl kein Fehmarn-Besucher entgehen lässt. Vor allem Kinderherzen schlagen begeistert höher, aber auch so mancher Erwachsene gerät ins Schwärmen.

Die unangefochtenen Stars des Meereszentrums sind die **Haie.** Sie schwimmen in einem großen, drei Millionen Liter Wasser fassenden Becken. Auch **Rochen** gibt es zu bewundern. Während die Besucher durch einen 10 m langen **Glastunnel** gehen, schwimmen die Tiere über die Köpfe des Publikums hinweg. Neben Haien und Rochen kann man Seepferdchen, Muränen, Korallen und Krebse erleben. Der Besucher geht im Halbdunkel durch die Ausstellungsräume, betrachtet die bläulich schimmernde Unterwasserwelt und kann sich zwischendurch im **angeschlossenen Café** eine Pause gönnen.

› Gertrudenthaler Str. 12, Tel. 4416, www.mega-meereswelten.de, geöffnet: Nov.–Ende Feb. 11–17 Uhr, März–Ende Okt. 10–18 Uhr, Eintritt: Erw. 11 €, Kinder 4–15 J. 7 €, Senioren, Schüler, Studierende 9 €

6 Galileo Wissenswelt ★★ [F5]

Die Galileo Wissenswelt ist ein Aktivmuseum, das sich besonders an die jungen Besucher richtet. Die Ausstellung ist in **drei Themenbereiche** unterteilt: Im Bereich **Technik** lassen

085fm-hj

sich Naturphänomene interaktiv erleben, z. B. optische Täuschungen, Akustikspiele oder Magnetismus. Auch Knobelspiele erwarten die Besucher. Hier kommen vor allem Kinder und Jugendliche auf ihre Kosten.

Der Teilbereich **Bio-Welt** widmet sich dem Thema „Urzeit, Erde, Leben“. Hier unternimmt der Besucher eine Zeitreise vom Urknall bis zur Gegenwart. Neben Fossilien und Skeletten gibt es auch zahlreiche Modelle vom menschlichen Körper zu sehen. Ein weiterer Ausstellungsbereich ist im **Übersee-Museum** (12) direkt am Hafen Burgstaaken (9) untergebracht wie auch die interessante Ausstellung „Dunkelexperiment“.

› Mummendorfer Weg 11 B, Tel. 864446, www.galileo-fehmarn.de, geöffnet: April–Okt. tgl. 10–18 Uhr, sonst Sa./So. 10–16 Uhr, Eintritt: Einzelausstellungen Erw. 13 €, erm. 11 €, Vierer-Ticket für weitere Ausstellungen am Hafen 22 € (drei Jahre gültig)

(7) Schmetterlingspark ★ [F5]

In einer **glasbedachten Halle** flattern rund 1000 Schmetterlinge von ca. 50 Arten bei einer Temperatur zwischen 24 und 30 Grad Celsius in einer tropisch anmutenden Vegetation frei herum – besonders für Kinder ist der Schmetterlingspark ein Erlebnis.

› Mummendorfer Weg 11 B, Tel. 8893363, www.schmetterlingspark-fehmarn.de, geöffnet: Osterferien (Schleswig-Holstein) bis Okt. tgl. 10.30–17.30, Juli/Aug. bis 18 Uhr, Eintritt: Erw. 12,50 €, Familien 31,50 € bis 44,50 € (je nach Anzahl der Kinder)

◁ *Eine spannende Ausstellung bietet die Galileo Wissenswelt am Ortsrand von Burg*

(8) St.-Jürgen-Kapelle ★ [F5]

Die kleine Kapelle der evangelisch-lutherischen Kirche liegt unweit der Jugendherberge (s. S. 28). Erste Erwähnungen datieren auf das frühe 15. Jh. Hervorzuheben sind die Ausmalungen der Apostel sowie das **frühgotische Sakramentshäuschen** der St. Georgsgruppe im Inneren.

Die Kapelle entstand auf gräfliche Anordnung, nachdem die Pest 1349/50 gewütet hatte und viele Opfer kostete. Damals wurde beschlossen, dass alle Städte außerhalb der Stadtgrenzen eine **Aussätzigen- und Pestkapelle** bauen sollten sowie **Siechenhäuser** für die Kranken. Sie sollten weit genug außerhalb liegen, um die Ansteckungsgefahr zu bannen, aber doch nah genug, um sie noch versorgen zu können. So geschah es auch in Burg. Neben der Kapelle entstanden ein Friedhof und zwei Häuser für die Kranken. Innen sind gut erhaltene **Deckenmalereien** aus dem 15. Jh. und ein Opferstock zu sehen, der früher in Puttgarden in der Peter-und-Paul-Kapelle stand.

▽ *Einst für Pestkranke erbaut: die winzige St.-Jürgen-Kapelle*

022fm-hj

Benannt ist die Kapelle nach dem **Ritter St. Jürgen** (Ableitung von St. Georg), dem Drachentöter und Beschützer der Kranken. Sie liegt auf dem Pilgerweg nach Santiago de Compostela in Spanien, der **Via Scandinavica**, die zum Netz der **Jakobswege** (s. S. 45) gehört. Die Kapelle kann nur von außen besichtigt werden.

› Kapellenweg 13

9 Hafen Burgstaaken ★★ [F6]

Zum **Hafen** von Burg führt der Staakensweg, der von der Breiten Straße 1 direkt zur Hafenmole verläuft. Erreicht wird der Hafen über eine fast schon inselweit einmalige **Kopfsteinpflasterstraße**, die einen ganz schön durchschüttelt. Sie wurde erbaut aus Steinen, die man aus der Ostsee gefischt hatte. Wer die kopfsteingepflasterte Zufahrtsstraße meiden möchte, kann stattdessen den vom Blieschendorfer Weg abzweigenden, ruhigen **Rad- und Fußweg** wählen, der fast schon idyllisch zwischen der Häuserreihe und den offenen Feldern verläuft.

In jedem Fall lohnt sich der Weg, denn in Burgstaaken erlebt man noch echtes Hafenfeeling. Allerdings hat sich der Hafen gewandelt. Heute wird er als **„Erlebnishafen“** angepriesen, aber früher war das noch ganz anders. Ende des 18. Jahrhunderts existierte bereits eine Hafenanlage, man konkurrierte aber damals noch mit einem anderen Inselhafen. Trotzdem gab es bereits eine regelmäßige Fährlinie ins dänische Rødby.

So richtig in Schwung kam die Hafenwirtschaft nach 1857, als der Hafen und das Hafenbecken grundlegend ausgebaut wurden. Von hier fuhren die Fischer auf See hinaus, das Getreide wurde umgeschlagen. Es gab regelmäßige Schiffsverbin-

dungen nach Lübeck und Kiel. Einen weiteren Schub gaben im letzten Drittel des 20. Jahrhunderts die sogenannten **„Butterfahrten“**. Das waren Einkaufsfahrten, bei denen Passagierschiffe für wenige Stunden außerhalb der deutschen Zollgrenzen fuhren und dort zoll- und steuerfrei Schnaps, Parfüm und eben Butter billiger verkauften. Diese Fahrten wurden 1999 eingestellt.

Auch wenn Burgstaaken heute kein klassischer Fischereihafen mehr ist, fahren die **Fischer** noch hinaus und verkaufen ihren Fang teils direkt vom Kutter. Im **Fischlädchen** (s. S. 31) kann man den Verkäufern beim Räuchern zuschauen und die frische Rauchware erwerben. Daneben warten einige touristische Attraktionen wie u. a. ein **U-Boot-Museum** 11 auf den Besucher. Interessierte können zudem eine **Schiffstour** (s. S. 25) auf der Ostsee unternehmen. Außerdem liegt hier ein ausrangierter **Seenotrettungskreuzer** mit einem interessanten Museum zur Seenotrettung.

■ **SeenotRettungsMuseum Fehmarn** <001> Burgstaaken 89, Tel. 8797777, http://seenotrettungsmuseum-fehmarn.de, geöffnet: Ostern bis Ende Okt. tgl. 11–16 Uhr, Eintritt: 5,50 €, Kinder von 4 bis 14 Jahren 4 €

10 Silo Climbing ★★ [F6]

Direkt am Hafen befindet sich ein **hohes Silogebäude**, an dem Wagemutige über **Klettergriffe** hochklettern können. Es werden insgesamt 16 unterschiedliche Kletterrouten in verschiedene Höhen angeboten, immerhin bis zu 40 m. Die Klettergriffe sind so angeordnet, dass man bereits ab einer Körpergroße von 1,10 m greifen und klettern kann. Allerdings muss immer ein Partner dabei sein, um den Kletterer zu sichern. Die schnellsten Kletterzeiten werden in einer Rekordliste bekannt gegeben.

Hobbysegler machen gerne Station auf Fehmarn

086fm-hj

› Burgstaaken 50, Tel. 503102, www.silo climbing.com, geöffnet: ab 9 Uhr, im Sommer bis 18, Frühjahr und Herbst bis 13 Uhr, im Winter geschl., Eintritt: 1 Std. Klettern 7 €, 1 Std. Kletterausrüstung 7 €, 1 Std. Sicherheitsausrüstung 6 €

11 U-Boot-Museum ★★ [F6]

Unübersehbar liegt im Burgstaakener Hafen ein 520 Tonnen schweres **U-Boot der Bundesmarine**, das besichtigt werden kann. Man schlängelt sich durch das enge Innere, vorbei an unzähligen Kurbeln und Rädern, schaut durch das Periskop und darf sich auch mal in eine Mannschaftskoje legen – so bekommt man eine Ahnung von der Enge eines U-Bootes.

Die U 11, so die offizielle Bezeichnung, war 35 Jahre lang im Dienst, bevor sie ausgemustert wurde. Neben der Möglichkeit, das Innere eines U-Bootes kennenzulernen, erfährt der Besucher im **benachbarten Museum** viel Wissenswertes über die deutsche U-Boot-Flotte.

Eindrucksvoll: dieses U-Boot von 1968 darf besichtigt werden

› Burgstaaken 89, Tel. 8891055, www.ostsee-u-boot.de, geöffnet: März–Okt. tgl. 10–18, Nov./Febr. nur Sa./So. 11–16 Uhr, Dez. und Jan. geschlossen (Ausnahme: in den Weihnachtsferien tgl. 10–16 Uhr geöffnet), Eintritt: Erw. 7 €, Kinder (4–14 Jahre) 4,50 €, Schüler/Studierende 5 €, Familie 20 €

12 Übersee-Museum ★ [F6]

Die **Außenstelle der Galileo Wissenswelt** 6 gewährt einen Einblick in verschiedene Kulturen aus Nordamerika, Afrika, Süd- und Ostasien sowie Ozeanien. Die Ausstellung widmet sich dem Themenkomplex Seefahrt, Völkerkunde und Naturgeschichte. Dort befindet sich auch das Museum **Dunkelexperiment**. Es ist ein besonderes Erlebnis, da man nichts sieht. Besucher erhalten einen Blindenstock und eine Augenbinde und erkunden tastend ihre Umgebung: einen Wald, einen Supermarkt oder eine Wohnung. Zudem gibt es eine Ausstellung zum Thema „Blindsein".

› Hafenstr. 69, www.galileo-fehmarn.de, geöffnet: in der Saison tgl. 10–18 Uhr, Eintritt: 13 € (Kind 11 €) pro Ausstellung oder 22 € mit dem Vierer-Ticket

Schiffstouren

Mehrere Anbieter im Hafen von Burgstaaken offerieren kurze Schiffstouren, beispielsweise zum **Schaufischen** und **Hochseeangeln** oder aber eine **Sundbrückenfahrt** zur Fehmarnsundbrücke (s. S. 60). Die Abfahrtszeiten und Termine variieren je nach Anbieter. Am einfachsten informiert man sich direkt am Hafen bei den Schiffen; dort stehen Infotafeln und liegen Flyer aus.

› **Katamaran „Störtebeker"**, Fahrten zur Fehmarnsundbrücke, zudem mehrfach täglich Angelfahrten, Infos: www.reederei-neumann.de

› **Fischkutter „Tümmler"**, Tel. 0151 58519904, www.inselfischer-fehmarn.de

› **MS Karoline**, Tel. 1503

Weitere Aktivitäten

■ **Glas-Kreativ-Werkstatt** <002> Burgstaaken 50, Tel. 8899870, www.glas-kreativ-werkstatt.de, geöffnet: in der Saison Mi.–Sa. 10–16, So. 11–16 Uhr, sonst nur zu bestimmten Terminen (siehe Website). Individuell gefertigtes Glas ab 6 €. Die Werkstatt liegt neben dem Silo-Climbing-Gelände. Hier kann sich jeder sein eigenes Glas gestalten: Man wählt „sein" Glas (Windlicht, Teller, Vase etc.) aus, dazu einen Aufkleber mit Wunschmotiv und trägt den Aufkleber per Sandstrahl selbst auf das Glas auf.

13 Südstrand ★★★ [F6]

Willkommen an Fehmarns breitestem und wohl beliebtestem Strand! Hier kann man wunderbar im Strandkorb relaxen, nach Herzenslust baden oder einfach nur Sonne tanken.

Der Südstrand von **Burgtiefe** erstreckt sich über etwa 2 km auf einem **Nehrungshaken**. Zur Ostseeseite liegt der helle Sandstrand, auf der anderen Seite begrenzt ein großer Jachthafen am Burger Binnensee die Nehrung. Da sich diese Strandzone ziemlich lang und mit klassischem **weißen, weichen Sand** zeigt, was gar nicht so selbstverständlich ist auf Fehmarn, kommen im Sommer sehr viele Urlauber hierher. Und natürlich wegen des breiten Übernachtungsangebotes, das eben auch wegen des Strandes hier geschaffen wurde. So bedingt eines das andere.

An einem Vorplatz, genau unterhalb der drei großen Hochhäuser, finden sich ein kleiner Supermarkt, eine **Touristeninformation** (Tourismus-Service Fehmarn, s. S. 123) und ein paar kleine **Kioske**, die Eis, Crêpes, Quarkspeisen oder Pommes anbieten. Hier verläuft eine nette, leicht geschwungene **Promenade** unmittelbar am Strand entlang, der von einem kleinen Dünensaum begrenzt wird. Dort warten einige wenige Lokale und es werden **Strandkörbe** vermietet.

Schon von Weitem sichtbar sind drei siebzehnstöckige Wohnhäuser direkt vor dem Strand, das **IFA Fehmarn Hotel & Ferien-Centrum** (s. S. 28). Da mag mancher zurückschrecken vor so viel Beton. Aber eine Besonderheit hat der Architekt doch erfolgreich umgesetzt: Von allen Wohnungen aus schaut der Feriengast aufs Meer. Nach hinten hinaus, also Blickrichtung Binnenland, liegt kein einziges Fenster. Und speziell von den oberen Etagen genießt man eine traumhafte Sicht über die Ostsee. Eltern wissen außerdem zu schätzen, dass sie ihre Kinder gefahrlos an den Strand schicken können; sie müssen auf dem Weg keine Straße überqueren. Es gibt hübschere Ferienwohnungen, idyllisch gelegenere, keine Frage, aber allzu viele, die direkt am Strand zu finden sind, gibt es auf ganz Fehmarn nicht.

Zur Kurzweil lädt das **FehMare** ein, eine **Badewelt** mit Poollandschaft auf 4500 m², u.a. mit einem großen Meerwasserwellenbecken und Rutschen zum Herumtoben, aber auch mit Ruhezonen. Ergänzend gibt es etliche sportive Angebote, eine Wellness- und Saunalandschaft, eine Fitnesszone sowie Lokale. Außerdem erwartet den Besucher das **Vitarium**, eine Freizeitlandschaft unter Glas mit Cafés, Bistros, Billard und Ähnlichem, das zum **IFA Fehmarn Hotel & Ferien-Centrum** (s.S. 28) gehört.

Auf der anderen Seite der Nehrung liegt der große **Jachthafen.** Hier dümpeln zahlreiche Segelboote; am oberen Ende der Marina hat man einen runden Steg mit weiteren Anlegestellen gebaut. Genau dort gibt es zudem einige **Hausboote**, die man mieten kann (Stern Hausboot, s.S. 29). Hier erhebt sich auch der 16,5 Meter hohe **Aussichtsturm „Utkieker"**, von dem man einen tollen Fernblick über den Hafen und die Ostsee genießt. Segelsportbegeisterte finden zudem die passende Infrastruktur wie Duschen, einen kleinen Supermarkt, ein Geschäft mit Segelzubehör, eine Slipanlage und das Restaurant Sailor's Inn vor. Ganz am Anfang dieser kleinen Meile lockt die kunterbunte **Karibik-Bar** der Charchulla-Zwillinge (s.S. 31), die hier auch eine **Surf- und Kiteschule** (s.S. 88) betreiben und die in puncto Surfen auf Fehmarn einige Berühmtheit erlangt haben.

■ **FehMare** <003> Zur Strandpromenade 6, Südstrand, Tel. 889960, www.fehmare.de, geöffnet: tgl. meist 10–ca. 19 Uhr, Sauna/Wellnessbereich auch länger, saisonale Einschränkungen

⑭ Ruine Burg Glambek ★ [G6]

1210 wurde die Burg vom dänischen **König Waldemar II.** in Auftrag gegeben für seinen dänischen Amtsverwalter, damit dieser den Schiffs-

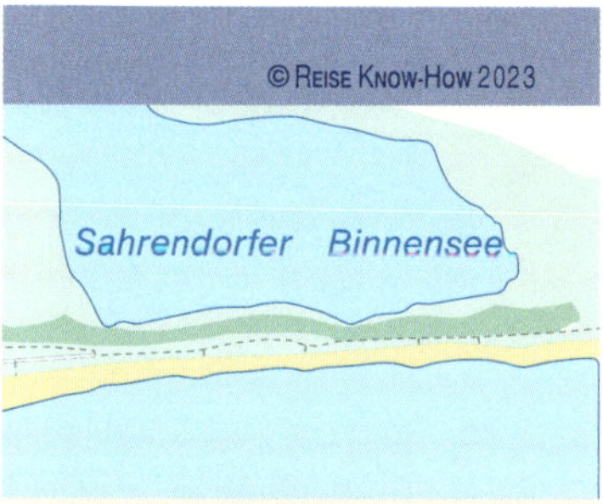

Aktiv
2 Windsurfing- und Kite-Schule Charchulla
4 Fehmarnscher Tennisclub Burgtiefe
7 FehMare

Sonstiges
5 Tourismus-Service Fehmarn am Südstrand

verkehr und das Eintreiben der Abgaben von hier aus kontrollieren konnte.

Die Burg war immerhin 36 m breit und 53 m lang; sie war von einer 4 m hohen Mauer umgeben und besaß damals **zwei Wehrtürme.** Neben verschiedenen Gebäuden gab es auch fünf Brunnen zur eigenen Wasserversorgung, einen Wassergraben und eine **Zugbrücke** nebst Fallgitter. Der Haupteingang an der Ostseite maß 2,77 m in der Breite; in der Mauer ist heute noch die Rille erkennbar, über die das Fallgitter auf- und zugedreht wurde. Sie war also durchaus gut geschützt. Die Verteidiger konnten über einen hölzernen Wehrgang verschiedene Positionen einnehmen, sogar **Pechnasen** waren an der Westseite über einem zweiten Eingang angebracht. Dort schütteten die Verteidiger erhitztes Pech auf die Angreifer.

Es wurde mehrfach heftig um die Burg und damit auch um die Vorherrschaft auf der Insel Fehmarn gekämpft, häufig wechselten die Herrscher. Von 1426 bis 1435 hausten hier sogar **Piraten,** sie wurden von Graf Adolf VIII. zur Verstärkung gerufen und blieben als zweifelhafte Herren auf der Burg. Die Seeräuber konnten von Glambek aus bestens den Schiffsverkehr überblicken und sich gegebenenfalls „bedienen". 1627, während des **Dreißigjährigen Krieges,** kamen marodierende Truppen nach Fehmarn und zerstörten die Festung. Danach wurden die Mauern teilweise abgetragen, die Reste verschwanden unter Flugsand. Erst 1872 wurden sie nach einer Sturmflut wieder freigespült und ab 1908 legte man die Fundamente und Mauerreste bei Ausgrabungen wieder frei.

Der **Sage** nach verlief ein Fluchttunnel bis nach Burg zur St.-Nikolai-Kirche 3, aber tatsächlich war dieser doch nur wenige Meter lang. Heute ist von der einst stolzen Burg nicht mehr viel übrig, kaum mehr als einige **Mauerreste aus rotem Ziegel.**

› hinter der Touristeninformation (Tourismus-Service Fehmarn, s. S. 123), nur von außen zu besichtigen

Infos und Reisetipps

Parken

■ **Parkplatz Osterstraße** <004> großer Parkbereich, auch mit Stellflächen für Wohnmobile

Fahrradverleih

■ **Connys Fahrradladen** <005> Süderstraße 24, Tel. 1303, www.fehmarn-fahrrad.de. Connys verleiht eine sehr große Auswahl an Rädern, auch für Kinder, sowie E-Bikes und Roller, mit Pannenservice. Connys hat am Südstrand im IFA-Hotel eine Filiale.

025fm-mux

Unterkünfte

In Burg

- **Hafenhotel Schützenhof** €€ <006> Menzelweg 2, Tel. 50080, www.hafen-hotel.de. 30 Zimmer bietet dieses familiengeführte Haus im Burgstaakener Wäldchen. Es liegt etwa 200 m vom Hafen entfernt und damit schon etwas außerhalb der Burger City. Halbpension kann zugebucht werden.
- **Hotel Burg-Klause** €€ <007> Blieschendorfer Weg 1, Tel. 50020, www.burg-klause.de. Ein relativ kleines, familiäres Haus, das nahe der St.-Nikolai-Kirche liegt, aber ein paar Schritte außerhalb des innerstädtischen Trubels. Es gibt zweckmäßig eingerichtete EZ, DZ und Mehrbettzimmer sowie ein Apartment. Zum Hotel gehört auch ein empfehlenswertes Restaurant (s. S. 30).
- **Jugendherberge Fehmarn** € <008> Mathildenstr. 34, Tel. 2150, www.jugendherberge.de („Fehmarn" ins Suchfeld eingeben). Insgesamt 182 Betten in überwiegend 6-Bett-Zimmern bietet Fehmarns Jugendherberge an, außerdem gibt es in der wärmeren Jahreszeit acht beheizbare Blockhäuser mit je zwei Doppelstockbetten. Lage: an der Straße zum Südstrand, etwa 500 m vom Zentrum entfernt.
- **UNO Hotel Wissers** €€ <009> Am Markt 21, Tel. 3111, www.wissers-hotel.de. Ein altehrwürdiges Haus mitten im Zentrum von Burg, das sehr angenehm und modern gestaltet ist. Die großen, zweckmäßig eingerichteten Zimmer liegen nach hinten, wo sich auch ein eigener Parkplatz befindet. Einige Zimmer besitzen eine Terrasse mit Strandkorb. Ein gutes Restaurant mit Terrasse zur Breite Straße ist angeschlossen (s. S. 31).

Am Südstrand

- **IFA Fehmarn Hotel & Ferien-Centrum** €€€ <010> Südstrandpromenade, Tel. 890, www.ifa-fehmarn.de. Die drei großen Häuser des IFA-Hotels stehen unübersehbar direkt am Strand. Das Besondere: Alle Zimmer besitzen einen kleinen Balkon mit Meerblick. Die Gebäude erheben sich bis auf 17 Stockwerke; wer ganz oben wohnt, hat natürlich eine

⊡ *Strandkorb-Parade am schier endlosen Südstrand* ⓭

gigantische Aussicht. Es gibt DZ, EZ und Familienzimmer; sie werden als Ferienwohnung angeboten, können aber auch als Hotelzimmer mit Frühstück gebucht werden. Die Preise sind sehr unterschiedlich, abhängig von Saison, Größe und Haustyp. Zum IFA-Ferienkomplex gehört auch die überdachte Freizeitlandschaft Vitarium.

■ **Stern Hausboot** €€€ <011> Yachthafen Burgtiefe, www.stern-hausboot.de. Urlaub auf dem Wasser: Ganz am nordwestlichen Ende der Marina liegen mehrere Hausboote am Steg, die gemietet werden können. Einen Bootsführerschein benötigt man für die Nutzung nicht, da sie an der Anlegestelle fest vertäut sind. Die geräumigen Hausboote besitzen neben einer Küche und einer Schiffstoilette sogar eine Sonnendachterrasse.

■ **Strandhotel Bene** €€€ <012> Am Südstrand 17, Tel. 8653, www.bene-fehmarn.de. Ein First-Class-Hotel in hellen Farben, direkt am Strand gelegen. Zu haben sind 44 großzügige, gut eingerichtete Zimmer (DZ, EZ, Familienzimmer) in modernem Design. Alle Räume besitzen einen Balkon oder eine Terrasse mit Sicht auf die Ostsee oder die Dünen. Angeschlossen sind ein Restaurant, eine Lounge und eine Terrasse direkt zum Strand.

MEIN TIPP

Nacht am Meer

Eine Neuheit erobert die Ostseeküste und ist auch auf Fehmarn am Südstrand oder am Wulfener Hals buchbar: der **Schlafstrandkorb!** Man kann ihn für zwei Personen buchen, wahlweise mit Extras wie einem Lunchpaket.

› www.ostsee-schleswig-holstein.de/strandschlafen-fehmarn, Grundpreis: 75 € (Südstrand), 49 € (Wulfener Hals).

Wohnmobilstellplätze

Einen **Stellplatz** für etwa 16 Fahrzeuge mit Entsorgungsstation bietet die Firma **Hintz Heizungsbau** an, Tel. 86160, Landkirchener Weg 1 B. Das Gelände vor dem Bahnhof befindet sich in ca. 300 m Entfernung vom Zentrum. Die Hauptzufahrtsstraße (Am Steinkamp 2-B in Richtung Zentrum von Burg befahren und unmittelbar vor dem Stadtpark links in die Straße Am Steinkamp abbiegen. Nach ca. 100 m liegt auf der linken Seite der Wohnmobilstellplatz, in Sichtweite zum Bahnhof.

⊡ *Das Strandhotel Bene besticht mit seiner tollen Lage mit Meerblick*

088fm-hj

Am Wulfener Hals befindet sich ein **Wohnmobilpark beim Surfrevier**, er wird vom Campingplatz betrieben.

Auch am **Hafen Burgstaaken** können 12 Womos stehen (allerdings gibt es hier weder eine Entsorgungsmöglichkeit noch Strom).

Ein weiterer Platz für Wohnmobile befindet sich auf dem großen **Parkplatz an der Osterstraße** (s. S. 27), hier ebenfalls ohne Strom und ohne Versorgungsstation. Ein öffentliches WC gibt es auf dem Parkplatzgelände.

Direkt am **Yachthafen Burgtiefe** (Südstrand 13) gibt es einen Stellplatz für 40 Womos (Am Südstrand 14, ohne Stromanschluss, Dusche/WC und Entsorgungsmöglichkeit).

Essen und Trinken

In Burg

- **Cafe Jedermann** € <013> Ohrtstr. 25, Tel. 1411, www.cafejedermann-fehmarn.de, geöffnet: April–Okt. tgl. 10–20, Nov.–März: tgl. 14–18, Mi. 11–18 Uhr. Gemütliches Café mit nettem Garten. Serviert werden hausgemachte Kuchen und Torten, Pfannkuchen und Apfelstrudel, dazu 16 Sorten loser Tee. Das kleine Hinterhoflokal ist ein echter Ruhepol in der oft trubeligen Innenstadt von Burg.
- **Café Liebevoll** € <014> Bahnhofstr. 17, Tel. 8895898, www.kulturlabor.biz (Menüpunkt „Café"), geöffnet: tgl. 9–18 Uhr, bei Veranstaltungen auch länger. Kleines, behaglich eingerichtetes Café mit Mini-Terrasse. Offeriert werden Kaffee, Kuchen und Frühstück. Obendrein regelmäßig kulturelle Veranstaltungen.
- **Café Traube** €€ <015> Orthstraße 9, Tel. 6049445, www.cafe-traube-fehmarn.de, Mi.–So. 10–17 Uhr. Kleines, gemütliches Lokal mit Garten. Geboten werden Frühstück, hausgemachter Kuchen, Flammkuchen und Salate.
- **Doppeleiche** €€-€€€ <016> Breite Str. 32, Tel. 9920, www.doppeleiche.com, geöffnet: Di.–So. ab 12.30 Uhr. Ein langjährig bewährtes Lokal in einem historischen Haus, das innen ausgesprochen hell und modern gestaltet ist. Die Küche bereitet regionale Gerichte mit italienischem Touch zu, es werden auch regionale Gerichte serviert.
- › **Hotel Burg-Klause** €€ (s. S. 28), geöffnet: 12–14 u. 17.30–21.30 Uhr. Hier werden u. a. Spätzle angeboten, in einer gemütlichen, von der bayerischen Heimat des Chefs geprägten Atmosphäre. Neben bayerischen stehen auch norddeutsche Spezialitäten auf der Karte.

Öffnungszeiten

Außerhalb der Saison, vom Ende der Herbstferien bis etwa März, haben die meisten Lokale und Geschäfte **eingeschränkte Öffnungszeiten.** In der Saison haben viele Geschäfte hingegen auch sonntags geöffnet (Bäderregelung, s. S. 127). Sofern nicht anders angegeben, gelten die genannten Öffnungszeiten jeweils für die **Hauptsaison von Ostern bis zu den Herbstferien.**

027fm-hj

Das lauschige Cafe Jedermann besitzt einen schönen Garten

- **Netti's** €€ <017> Süderstraße 34, Tel. 879242, Di.–So. ab 17 Uhr. Rustikal-gemütliches Lokal mit regionalen und saisonalen Speisen, halbe Ente mit Rotkohl wird aber das ganze Jahr über serviert (nach Vorbestellung).
- **Radden's Eis** <018> Süderstr. 40, in der Saison tgl. 13–19 Uhr. Sehr leckeres hausgemachtes Softeis mit diversen Streuselsorten.
- › **UNO Hotel Wissers** €€-€€€ (s. S. 28). Das Hotel verfügt über ein gutes Restaurant mit Terrasse. Die Karte bietet verschiedene Salate, Pasta, Fisch- und Fleischgerichte.

Am Hafen Burgstaaken

- **Cafe Kontor** € <019> Burgstaaken 59, Tel. 0172 4507279, www.cafekontor.de, geöffnet: Mo.–Do. 8–12, Fr.–So. 8–18 Uhr. Liebevoll eingerichtetes Café in einem ehemaligen Bürogebäude, das nur von außen etwas schlicht wirkt. Auf der kleinen, schmucken Gartenterrasse sitzt man teils unter Bäumen.
- **Café El Sol** €-€€ <020> Burgstaken 85, Tel. 8898307, Öffnungszeiten variieren. Das Café liegt im Hafengebiet direkt am Wasser und hat auch eine nette Terrasse mit Blick aufs Meer. Es gibt leckeren Kuchen, Flammkuchen, Milchreis und vieles mehr.
- **Fischlädchen** € <021> Burgstaaken 81, Tel. 860123, geöffnet: Mo.–Sa. 9–16, So. 11–18 Uhr. Hier bietet die Fischereigenossenschaft Fehmarn verschiedene Fischbrötchen und weitere Fischspeisen, aber auch Salate an.
- **Lotsenhus** € <022> Burgstaaken 65, Tel. 5597, www.fehmarn-lotsenhus.de, geöffnet: tgl. 11.30–14 und ab 17.30 Uhr. Jede Menge Fisch- und einige Fleischgerichte nebst Suppen und Salaten stehen auf der Speisekarte. Das Lokal besitzt eine geräumige Terrasse und außerdem ein angeschlossenes SB-Bistro.
- **Zum goldenen Anker** €€ <023> Burgstaaken 63, Tel. 3163, www.goldener-anker-fehmarn.de, geöffnet: tgl. 11.30–22 Uhr. Das maritim gestaltete Restaurant verfügt über eine Terrasse, die zum Hafen weist. Es gibt Fisch, auch Matjes und Labskaus, sowie einzelne Fleischspeisen.

Am Südstrand

- › **Karibik-Bar Charchulla** €, in der **Windsurfing & Kite-Schule Charchulla,** (s. S. 88), geöffnet: 10–2 Uhr. Hier geht die Post ab, vor allem, wenn die Zwillingsbrüder Charchulla gemeinsam mit ihrer Karibik-Steelband auftreten. Auch sonst sitzt man dort sehr nett, am besten bei einem leckeren Caipirinha.
- **Sailor's Inn** € <024> Am Yachthafen 8–10, Tel. 6059957, www.sailors-inn-fehmarn.de, geöffnet: Di.–So. ab 17 Uhr. Hell und modern eingerichtetes Lokal, das direkt am Yachthafen liegt, schöner Blick aufs Wasser von der Terrasse und von innen durch eine große Fensterfront. Serviert werden Fisch, Fleisch, Salate, Burger und Kinderteller, aber auch hausgemachter Kuchen.

Einkaufen

- **Atelier Kirsch** <025> Osterstr. 13, Tel. 0174 3801786, geöffnet: Mo.–Fr. 11–17, Sa. 10–14 Uhr. Inge und Gerd R. Kirsch betreiben ihr kleines, offenes Atelier mit vielen Fehmarn-Motiven auf einem Hinterhof und betonen, dass Besucher ausdrücklich erwünscht sind.
- **Bernsteinhütte** <026> Breite Str. 19, Tel. 9045, www.bernsteinhuette.de, März–Dezember 10–18 Uhr. Hier gibt es das „Ostseegold" entweder als Rohbernstein oder als fein gearbeitetes Schmuckstück, außerdem eine Menge Hintergrundinformationen zum Thema Bernstein. Regelmäßig Kurse zum Bernsteinschleifen.

- **Buchhandlung Niederlechner** <027> Am Markt 7, Tel. 3100, www.buchhandlung-niederlechner.de. Mo.–Fr. 9–13 und 14–18, Sa. 9–16 Uhr. Dieser Buchladen offeriert neben einem breiten Buchsortiment auch Papierwaren.
- **Der Seifenladen** <028> Breite Str. 43, Tel. 97088, geöffnet: Mo.–Sa. 10–17 Uhr. Originelles Geschäft, das handgemachte Seifenprodukte – darunter auch Shampoo und Rasierseife – sowie Filzunikate anbietet.
- › **Fischimbiss zur Alten Räucherei bei Genci** € <029> Staakensweg 96, Tel. 0176 61360022, geöffnet: tgl. 12–20 Uhr. Fischbrötchen, Krabben und Räucherfisch werden in dem kleinen Laden im Hinterhof verkauft und können auch vor Ort verzehrt werden.
- **Insel-Imkerei Grimm** <030> Staakensweg 67, Tel. 4824, geöffnet: Mo.–Sa. 9–18, So. 10–18 Uhr. Neben selbst gemachtem Honig von der Insel Fehmarn, hauptsächlich aus Raps, wird auch Honigmilch als Duftschaumbad oder Duschgel angeboten.
- **Inselbuchhandlung Sonnenseiten** <031> Niendorfer Str. 5, Tel. 869282, geöffnet: Mo.–Fr. 9–18, Sa. 9–14 Uhr. In dem kleinen Buchladen gibt es nicht nur gängige Titel, sondern auch Kinderbücher und eine gute Auswahl an Büchern über Fehmarn und die Ostsee.
- **Inseltöpferei** <032> Niendorfer Str. 12, Tel. 6775, geöffnet: Di.–Sa. 10.30–13 Uhr. Das kleine Geschäft ist in einem roten Backsteinhaus ohne große Schaufensterfront untergebracht. Hier wird fündig, wer selbst hergestellte und liebevoll verarbeitete Keramiken sucht.
- **Kerzenwerkstatt Fehmarn** <033> Osterstr. 49, Tel. 87766, www.kerzenwerkstatt-fehmarn.de, geöffnet: Mo.–Sa. 9–17 Uhr. Kleiner Laden mit großer Auswahl: Kunden können Kerzen in allen erdenklichen Farben mit vielen angenehmen Duftnoten erwerben.
- **Kunst-Atelier Böse** <034> Burgstaaken 20, www.kunst-atelier-boese.de, Tel. 864159, geöffnet: Mo.–Fr. 10–18, Sa. 10–14 Uhr. Susanne Böse verkauft hier ihre Gemälde mit Fehmarn-Motiven. Zusätzlich bietet sie Malkurse an.
- **Topi Naturkost** <035> Niendorfer Str. 4, Tel. 9180, Mo.–Fr. 8–13, 15–18, Sa. 8–13 Uhr. Hier werden Bio-Lebensmittel, auch Käse- und Molkereiwaren, Naturkosmetik sowie vegane und glutenfreie Produkte verkauft.
- **Windkontor Fehmarn** <036> Breite Str. 29, Tel. 8961202, geöffnet: Mo.–Sa. 10–18 Uhr. Ein Spezialgeschäft für fast alles, was fliegt oder in der Luft hängt: also Drachen, Windspiele, Mobiles usw. Es gibt auch schicke Segeltaschen und hübsche Geschenkartikel.
- **Wochenmarkt** <037> Am Markt, geöffnet: Mi. 7–14 Uhr

028fm-mux

Im Kunst-Atelier Böse kann man farbenfrohe Bilder erstehen

Fehmarn, der Osten

Ruhig ist es hier. Ruhig und beschaulich. Aber trotzdem ist man nicht aus der Welt – der Kirchturm von Burg ist von vielen Orten aus sichtbar. Ein gewichtiges Pfund in der Gunst der Urlauber: Ruhige Ferien in ländlicher Umgebung zu verbringen, aber nicht zu weit entfernt von der größten Stadt der Insel zu sein. Und weit ist es auch nie bis zum Meer. Die **Küste** ist hier zumeist naturbelassen: leicht steinig, oftmals in Form einer Steilküste, aber immer urig und im wahrsten Sinne des Wortes natürlich gewachsen und geformt. Eine Promenade mit Kneipen oder Schnickschnack-Läden sucht man hier vergebens. Dafür kann man zu Fuß oder per Rad auf einem **Weg entlang der Küste** (s. Radtour 1 S. 93) Einblicke in die Natur erhalten.

Einen Gang runterzuschalten – dazu fordert der Osten Fehmarns Urlauber auf, denn dieser Landstrich lädt förmlich ein zur Entschleunigung. Warum nicht einmal den Gänsen beim Herumwatscheln um den Dorfteich zugucken? Oder an der Steilküste hocken, sich den Wind um die Nase pusten lassen und aufs Meer hinausschauen? Einfach so. Zu entdecken gibt es Einiges.

Man wandert zum entlegenen **Leuchtturm von Staberhuk** an der dortigen **Steilküste** 16, wo sich vor über 100 Jahren der expressionistische Maler Ernst Ludwig Kirchner (s. S. 38) im irdischen Paradiese wähnte.

Etwas lebhafter geht es in **Puttgarden** 19 zu, wo hochhausgroße Fährschiffe nach Dänemark ein- und auslaufen und ein mehrstöckiges Einkaufsschiff dauerhaft am Kai festgemacht hat. Und dazwischen liegen die **ruhigen Dörfer.** Landwirtschaft wird noch überall betrieben, aber viele Höfe bieten inzwischen auch Ferienwohnungen in ländlicher Umgebung an.

029fm-hj

Imposante Hofauffahrt in Fehmarns Osten

Meeschendorf

Meeschendorf liegt im südöstlichen Teil der Insel. Es gibt lediglich zwei Verbindungsstraßen zu den benachbarten Orten. Burg ist recht nah, kaum 3 km entfernt; eine ähnliche Distanz muss der Urlauber zum Strand zurücklegen, alles keine Entfernungen also. In Meeschendorf findet man übrigens ein **Gemeinschaftshaus,** neben einem Spielplatz und einem kleinen Teich gelegen. Das Dorf präsentiert sich ziemlich **adrett,** es gibt einige schicke Häuser mit geschmackvoll angelegten Gärten. Von vielen Gebäuden geht der Blick weit über die Felder, teilweise bis zum Meer. Landwirtschaft wird hier kaum betrieben. Aktivurlauber können sich beim **Adventure-Golf** (s. S. 99) versuchen. Ein ausgeschilderter Weg führt hinunter zum **Strand**, wo mehrere Campingplätze liegen. Der Strand selbst ist etwas schmal geraten, aber **feinsandig** und nicht überlaufen.

Unterkünfte

› **Büdl'farm** €€ <038> Sahrensdorf 12, Tel. 3158, www.buedlfarm.de. Dieser familienfreundliche Hof liegt im benachbarten Sahrensdorf und bietet allergikerfreundliche Ferienwohnungen und -häuser sowie eine Unterkunft für eine größere Gruppe bis zu 10 Personen. Dazu gibt es jede Menge Unterhaltungsangebote für Kinder wie eine Kletterwand, Spielflächen und Tiere zum Füttern. Auch Treckerfahren und Reiten ist möglich.

Plattdüütsch schnacken

Ja, auch auf Fehmarn wird noch „Plattdüütsch schnackt", also Niederdeutsch gesprochen. Teils ganz normal im Alltag, teils nur in bestimmten Altersgruppen, aber durchaus auch unter jüngeren Leuten. Generell gilt, dass Platt in den kleinen Dörfern stärker verbreitet ist als in der „großen Stadt" Burg. Und Plattdüütsch ist ja nicht nur eine (gemütliche!) Sprache, sie drückt auch ein wenig den Charakter der Menschen aus, wie folgendes Beispiel ganz anschaulich zeigt:

Zwei Bauern hocken am Tresen, schweigen sich an. Zum Nachbestellen werden nur zwei Finger gehoben – abwechselnd, weil das ja gerecht ist. Nach ein paar Stunden sagt einer der beiden: „Tjaaaa, neeech!" Sagt der andere: „Wat sabbelst du blots hüüt wieder so viel!" („Was redest du bloß heute wieder so viel!") So sind sie, oder besser gesagt, so sind sie auch, die Fehmarner: schweigsam und nicht aus der Ruhe zu bringen.

Platt ist eigentlich keine schwere Sprache, sie drückt viele Sachverhalte knapp und bündig aus und klingt anheimelnd – selbst derbe Beleidigungen werden auf Platt abgefedert. Wer zum ersten Mal nach Fehmarn kommt und zwei Menschen Platt schnacken hört, wird wohl dennoch kaum etwas verstehen.

„Moin, moin" ist ein Allerweltsgruß – und je weiter man nach Norden kommt, desto verbreiteter ist er als Guten-Tag-Ersatz. Zuerst stutzt man sicherlich, wenn kurz vor der abendlichen Tagesschau jemand mit „Moin" grüßt, aber der Gruß geht nicht auf das Wort „Morgen" zurück, sondern auf „moi" („gut"). Man wünscht sich also schlicht einen „Guten". Die holsteinische Gelassenheit drückt sich gern mit „Immer sutsche" aus – schön ruhig, keine Panik, bloß nicht herumstressen. Wenn man diese Einstellung als Besucher beherzigt, ist man schon ganz nah bei der Stimmungslage der Einheimischen.

Holsteiner sind ruhige Genossen; wenn sie sich was zu sagen haben, dann meist ohne Schnörkel, eben direkt ins Gesicht. Auf Platt klingt das aber halb so schlimm: Ein „Schietbüdel" wird nie übersetzbar sein, denn dann würde aus dem plattdeutschen Kosewort eine veritable hochdeutsche Beleidigung, nämlich „Scheißbeutel" – brrr, wie das klingt! Hierzu passt eine Anekdote: 1994 beriet die Bürgerschaft in Hamburg über einen Antrag auf Auf-

› **Camping-Südstrand** €€€ <039> Meeschendorf, Tel. 2189, www.camping-suedstrand.de, geöffnet: 1.4.–7.10. Die große Anlage, die 460 Stellplätze umfasst, ist direkt am Strand gelegen und wird von weitläufigen Getreidefeldern gesäumt. Für Kinder wurde eine riesige Spielwiese und eine Kletteranlage eingerichtet; es gibt Sportbereiche, ein Fußballfeld, einen Bouleplatz, Mietzelte, Mietwohnwagen und eine finnische Sauna.

› **Insel-Camp Fehmarn** €€€€ <040> Zum Meeresstrand 100, Meeschendorf, Tel. 50300, www.inselcamp.de, geöffnet: April–Anf. Okt. Unterschiedlich große Stellplätze (90–200 m²) hat dieser Platz, der direkt am Strand liegt. Alle verfügen über Wasser-, Abwasser- und Stromanschlüsse. Außerdem gibt es einen Wellnessbereich mit mehreren Saunen und TV-Anschluss. Diverse Freizeitmöglichkeiten runden das Angebot ab. Mietwohnwagen sind ebenfalls vorhanden.

nahme des Plattdeutschen in die Europäische Charta für Minderheitssprachen, natürlich „op Platt". Selten wurde bei einer Politikerdebatte so gelacht wie an diesem Abend, schenkelklopfend brüllten die Abgeordneten über Beiträge wie: „De Hamborger Senoot un sien Beamten sitt dor mit 'n breden Mors und kiekt nur to." („Der Hamburger Senat und seine Beamten sitzen auf ihrem breiten Arsch und gucken nur zu.") Das war selbst auf Platt nicht mehr fein genug und unter Feixen und Gelächter ermahnte der Sitzungspräsident den Sprecher zur Ordnung: „Mors, dat geiht nich!" („Arsch, das geht nicht!") Darauf der Sprecher: „Denn seg ik Achtersteven." („Dann sag ich Hinterteil.") Natürlich wurde der Antrag angenommen, und zwar einstimmig.

Platt am Tresen

Wer auf Fehmarn in eine kleine Dorfkneipe kommt, hat manchmal nicht viel Auswahl an Sitzmöglichkeiten. Vielleicht sind alle Tische besetzt, vielleicht ist gerade noch ein Eckchen am Tresen frei. Egal, wo man sich niederlässt, eine plattdeutsch kurze Begrüßung muss sein: dazu dreimal kurz auf den Tisch klopfen und sagen „Ik mok mol so." („Ich mach mal so.") Das kürzt das Begrüßen ab, man muss nicht jedem einzeln die Hand geben, nicht lange „sabbeln" – und man ist sofort als Kenner ausgewiesen. Alternativ ginge auch „Moin". Auf keinen Fall „Moin, Moin", denn dann outet man sich erneut als jemand, der nur sabbelt ...

Zwei weitere Sätze sind ebenfalls wichtig für das Überleben am Tresen: „Gif mi noch'n Lütt un Lütt." („Gib mir noch ein Kleines und einen Kurzen.") – gemeint sind ein kleines Bier und ein Schnaps. Der andere Satz lautet: „Gif mi noch een ut de Buddel." – „Gib mir noch einen aus der (Schnaps-) Flasche". Und wer eine Runde Schnaps ausgibt, der muss diesen „freigeben", also zum Trinken auffordern. Dazu genügt eigentlich „Prost", aber plattdeutscher wäre „Nich' lang schnacken – Kopp in' Nacken". Übersetzung überflüssig, oder? Soll es noch „norddeutscher" sein? Bitte sehr: „k.v.!", das heißt „Kannst vernichten!"

› Lesetipp: **„Plattdüütsch – Das echte Norddeutsch":** Der Autor veröffentlichte diesen Band der Reihe Kauderwelsch in Zusammenarbeit mit seinem Vater im Reise Know-How Verlag.

⑮ Staberdorf ★ [H6]

Dieses Dorf liegt ganz im südöstlichen Zipfel von Fehmarn. Diese **abseitige Lage** hat wohl viele Jahrzehnte das Bild geprägt. Alle drei Straßen tragen **plattdeutsche Namen** (s. Exkurs „Plattdüütsch schnacken" S. 34): Die Hauptstraße heißt Dörpstraat („Dorfstraße"), die nördliche Ringstraße An Hinrichsbarg („Am Hinrichsberg") und die südliche Achter de Höf („Hinter den Höfen"). Dieser Name dürfte früher Programm gewesen sein, befanden sich dort doch die Bauernhöfe des Ortes. Heute sieht man nur noch vereinzelt Häuser, die das eine oder andere Jahrzehnt auf dem Buckel haben. In der Straße wurden nämlich eine ganze Reihe von Neubauten errichtet, mit herrlich weitem Blick über die Felder. Auch einige Ferienwohnungen sind hier zu finden.

Die Straße An Hinrichsbarg führt rasch aus dem Ort hinaus und durch die Felder leicht ansteigend in Richtung Küste. Und das „leicht ansteigend" ist dabei durchaus von Bedeutung, denn genau hier liegt die **höchste Erhebung** der ganzen Insel: der **Hinrichsberg**, ein länglicher Hügel, der allerdings lediglich 27 m misst. An dieser Stelle befindet sich ein eingewachsenes **Steinkammergrab**, das heute als ovaler Hügel erkennbar ist und Reste von zwei Steinkammern aufweist.

Unmittelbar am Dorfteich findet man einen **mittelalterlichen Thingplatz.** Das war früher ein Versammlungsort unter freiem Himmel, in diesem Fall unter einer Linde. Hier traf man sich, um Recht zu sprechen und wichtige Dinge, die das Dorf betrafen, zu regeln. Der Platz ist kreisförmig durch Feldsteine eingefasst.

Unterkunft

› **Ferienhof Beneken** €€€ <041>
Dörpstraat 21, Staberdorf, Tel. 3135, www.ferienhof-beneken.de. Mehrere Ferienapartments und Ferienhäuser unterschiedlicher Größe liegen auf einem 20.000 m² großen Hof mit Landhaus, Reetdachhäusern und Hofanlage. Gäste wählen zwischen einer Unterkunft auf dem Hofgelände, wo es auch einen Spielplatz, eine Spielscheune und einen Streichelzoo gibt, oder einer Übernachtung in einem Fachwerkhaus etwas weiter außerhalb. Eine große Liegewiese, eine Pferdekoppel, eine Tennisanlage, ein Grillplatz und ein Aufenthaltsraum runden das Angebot ab.

⑯ Steilküste von Staberhuk ★★★ [I6]

Die pittoreske Steilküste im äußersten Südosten Fehmarns lockt mit einem Leuchtturm, den der bekannte Maler Ernst Ludwig Kirchner vor über 100 Jahren für sich entdeckte und in seinen Bildern festhielt.

Knapp 2 km entfernt endet eine schmale, asphaltierte Straße am **Strand** von Staberhuk bei der dortigen kleinen Marinestation. Etwa 10–15 m breit, mit Steinen durchsetzt, erstreckt er sich vor einer nicht allzu hohen **Steilküste.** Hier parken all diejenigen, die es zu dieser abseitigen Stelle zieht, vor allem Angler und Taucher.

Kurz vor Erreichen der Küste zweigt nach rechts eine Straße ab, man passiert Gut Staberhof (ausgeschildert) und erreicht beim **Leuchtturm von Staberhuk** schließlich die **äußerste Südostspitze Fehmarns.** Von hier aus ist das Festland erkennbar, es sei denn, es kommt Nebel auf. Der 22 m hohe Leuchtturm **kann nicht besichtigt werden.** Er wurde 1903 vor der

Steilküste erbaut und erhielt die außer Dienst gestellte gusseiserne Laterne des Helgoländer Leuchtturms. Die gelben Ziegel an der westlichen Seite, der sogenannten Wetterseite, mussten später ersetzt werden durch rote, sodass dieser Leuchtturm eine außergewöhnliche farbliche Optik hat. Neben dem eigentlichen Turm steht noch ein Wohnhaus, in dem früher der Leuchtturmwächter, Ernst-Friedrich Lüthmann, mit seinen acht Kindern lebte. Hier verbrachte der **Expressionismus-Maler Ernst Ludwig Kirchner** (s. S. 38) die Sommermonate 1912–1914 mit seiner Freundin, der Fotografin Emmi Frisch.

Ganz in der Nähe findet sich zudem der **größte Wald** von Fehmarn, der allerdings nur rund 5 ha groß ist. Dieser Wald gehört zum **Gut Staberhof**, das bereits 1765 errichtet wurde. Auch hier malte Ernst Ludwig Kirchner, und zwar vor allem die große historische Scheune mit der geschweiften Dachfassade, die noch heute existiert (Privatgelände). Wanderfreunden sei die **Wanderung 1** (s. S. 88) empfohlen, die an vielen der hier genannten Orte vorbeiführt.

Katharinenhof

Bereits die Anfahrt bietet etwas Besonderes, denn die Zufahrtsstraße führt durch eine mehrere hundert Meter lange **Lindenallee.** Die Straße beschreibt dann vor einem größeren Hof eine scharfe Linkskurve und endet schließlich am Campingplatz Ostsee (s. S. 40).

Katharinenhof ist eigentlich nicht mehr als ein **Straßendorf**, allerdings mit einigen hübsch hergerichteten **Ferienhöfen.** Die Mehrzahl der Höfe hat die Landwirtschaft aufgegeben und die Touristen schätzen das ländlich-herrschaftliche Ambiente.

Im Jahr 1765 bestand das Dorf nur aus dem **Gutshof Katharinenhof**, damals noch in kleineren Dimensionen. Nachfolgende Besitzer vergrößerten

☒ *Die wild-romantische Steilküste von Staberhuk*

030fm-mux

Ernst Ludwig Kirchner: der „Brücke"-Maler auf Fehmarn

„Ich habe dort Bilder gemalt von absoluter Reife, soweit ich das selbst beurteilen kann. Ocker, Blau, Grün sind die Farben von Fehmarn, wundervolle Küstenbildungen, manchmal von Südseereichtum, tolle Blumen mit fleischigen Stielen ..." Derart begeistert urteilte ein gerade 32-jähriger Maler über sein Werk. Ernst Ludwig Kirchner hieß er, eigentlich ein Stadtmensch, den es in die tiefste dörfliche Provinz verschlagen hatte. Hier, so schwärmte er, habe er sein irdisches Paradies gefunden.

Kirchner wurde am 6. Mai 1880 in Aschaffenburg geboren. Zunächst absolvierte er ein Architekturstudium, das er 1905 mit der Diplomprüfung beendete. Schon vorher beschäftigte er sich als Autodidakt mit der Malerei. In Dresden traf Kirchner auf Gleichgesinnte. Am 7. Juni 1905 gründeten vier junge Menschen die Künstlergemeinschaft „Brücke": Neben Kirchner waren dies Erich Heckel, Karl Schmidt-Rottluff und Fritz Bleyl. Sie versuchten, neue Mal- und Ausdruckstechniken zu finden, die Fachwelt spricht später vom Beginn des Expressionismus. Ein kühnes, fast wagemutiges Unterfangen, wollten die vier Unbekannten doch als freischaffende Künstler überleben. Sie mieteten ein Atelier in einem leer stehenden Fleischerladen. Um bekannter zu werden und um ökonomisch zu überleben, wurden passive Mitglieder geworben. Diesen wurde eine jährliche Mappe mit exklusiven Arbeiten versprochen – gegen monetäre Unterstützung in Form einer Vorauszahlung. Immerhin konnte die „Brücke" einen damals durchaus schon renommierten Maler gewinnen: Emil Nolde. Auch Max Pechstein schloss sich 1906 der „Brücke" an. 1907 schied Nolde wieder aus, Fritz Bleyl wählte die bürgerliche Karriere eines Lehrers. Im Sommer 1908 zog es die Künstler raus aus der Stadt. So fuhr Kirchner erstmals auf die Insel Fehmarn. Ein größerer Kontrast war damals kaum denkbar: aus der kunstsinnigen Großstadt Dresden in die preußische Provinz, auf die damals kaum bekannte Insel. Kirchner kam mit seiner Freundin Emmi Frisch, wohnte in der Villa Port Arthur in Burg und war vom Fleck weg begeistert. Täglich streifte er durch die Straßen, malte Häuser, die St.-Nikolai-Kirche 3 und die Himmelsfarben.

Zurück in Dresden, folgten erste Ausstellungen. Die Jahresmappen wurden umfangreicher. 1910 stieß Otto Müller zur Brücke, die ersten Mitglieder zogen nach Berlin, 1911 folgte die gesamte Gruppe. Langsam stellten sich erste Erfolge in Form weiterer Ausstellungen ein.

1912 reiste Kirchner wieder nach Fehmarn. In Begleitung seiner Freundin zog es den Maler in einen abgelegen Winkel der Insel, an die Steilküste von Staberhuk 16. Dort, im äußersten Südosten Fehmarns, wohnte er wochenlang beim Leuchtturmwärter und seiner großen Familie. Kirchner fühlte sich so glücklich wie noch nie zuvor in seinem Leben. Täglich zog er über die Felder, entlang der Steilküste und malte alles, was ihm vor die Staffelei kam, etwa die Töchter des Leuchtturmwärters. Er baute sich sogar eine Hütte am Strand. Ein größerer Kontrast zum quirligen Berliner Großstadtleben ließ sich kaum denken. Unzählige Landschaftsbilder und Akte entstanden, aber auch Holzschnitzereien. Jeden Herbst ging es zurück nach Berlin, um die Ergebnisse des Sommers zusammenzutragen.

031fm

1913 schrieb Kirchner im Auftrag der anderen Mitglieder eine Chronik der „Brücke", diese fand jedoch nicht deren Billigung. Kirchner habe seine Position zu stark in den Vordergrund gestellt, hieß es. Daraufhin wurde die „Brücke" aufgelöst.

Im Sommer 1913 und 1914 – da brach schon der Erste Weltkrieg aus – reiste Kirchner erneut nach Fehmarn. Insgesamt 125 Bilder entstanden in den vier Fehmarn-Jahren: knapp ein Zehntel seines Lebenswerkes. Kirchner erlebte auf Fehmarn eine Freiheit, die er so später nie wieder genießen sollte. 1915 wurde er zum Militär einberufen; nach einigen Monaten erlitt er einen Nervenzusammenbruch und schied aus. Die nächsten zwei Jahre verbrachte Kirchner u. a. in einem Sanatorium. 1917 zog er in die Schweiz, nach Davos. In den Folgejahren entstanden viele bedeutende Werke, nun geprägt von der Schweizer Bergwelt, sogar eine neue Künstlergruppe bildete sich: „Rot-Blau".

Immer noch träumte Kirchner von Fehmarn, plante einen weiteren Besuch, aber dazu kam es nicht. Kirchner hatte Erfolg, wurde 1931 Mitglied der Preußischen Akademie der Künste in Berlin. 1937 wurden 639 Werke Kirchners beschlagnahmt, 32 Arbeiten sogar gezielt in der Propagandaausstellung „Entartete Kunst" der Nazis gezeigt. Ein Jahr später war Kirchner völlig verzweifelt und wählte am 15. Juni 1938 den Freitod. Was bleibt, sind vier glückliche Sommer auf Fehmarn, die Kirchner als paradiesisch empfand und in denen unvergleichliche Bilder entstanden.

Kirchners Bild von Gut Staberhof wird heute in der Hamburger Kunsthalle ausgestellt

nicht nur die landwirtschaftliche Fläche, sondern bauten auch weitere Gebäude. Hier sind heute die unterschiedlichsten Ferienwohnungen eingerichtet, etwa im einstigen hochherrschaftlichen **Gutshaus**, von dessen oberer Etage man sogar einen Blick auf die Ostsee erhaschen kann. Die einzige Straße endet an der **Steilküste**, vor der sich ein **kieseliger Strand** erstreckt, wie er an der gesamten Ostküste zu finden ist.

Unterkünfte

- **Aparthotel Am Museumshof** €€ <042> Katharinenhof 12, Tel. 888760, www.aparthotel-museumshof.de. Eine großzügige und moderne Anlage, bestehend aus sechs Gebäuden mit komfortablen Hotelzimmern und Ferienwohnungen für zwei bis fünf Personen. Insgesamt ein weitläufiges Gelände mit Kinderspielplatz und Grillbereich.
- **Ferienhof Liesenberg** €€ <043> Katharinenhof 14, Tel. 502380, www.liesenberg-katharinenhof.de. Mehrere Wohneinheiten auf einem ehemaligen Gutshof mit großzügiger Liegewiese, Haustieren, Spielplatz und Ponys. Es gibt komfortable Ferienwohnungen und -häuser. Für Kinder wird eine Menge geboten, etwa Spielscheune, Bolzplatz, Trampolin, Gokarts und ein Streichelzoo. Es sind etwa 300 m über einen eigenen Weg bis zum Naturstrand. Bei Ostwind hört man mit etwas Glück sogar das Meeresrauschen.
- **Gut Katharinenhof** €€€ <044> Katharinenhof 13, www.gut-katharinenhof.de, Tel. 869945. Klassisch holsteinisch: Ein ehemaliger Gutshof, toll renoviert, mit mehreren Ferienwohnungen und -häusern. Das Gut präsentiert sich mit breiter, kiesbestreuter Auffahrt und hohen Bäumen vor dem Haus. Bis zum Strand sind es nur 300 m. Ein breites Angebot gibt es speziell für Kinder, die sich in einer 40.000 m² großen Gartenanlage mit Spielplatz und Spielscheune austoben können.
- **Campingplatz Ostsee Katharinenhof** €€ <045> Katharinenhof, Tel. 9032, www.camping-katharinenhof.de, geöffnet: April–Mitte Okt., Stellplätze 100–130 m², überwiegend durch Bewuchs abgeteilt. es können aber auch Wohnwagen gemietet werden. Der Platz liegt unmittelbar an der Ostsee am Ende einer Zufahrtsstraße, also in ruhigster Umgebung. Eine Tauchschule mit Füllstation ist am Platz zu finden.

Essen und Trinken

- **Allee-Café** € <046> Katharinenhof 3, Tel. 503838, www.alleecafe-katharinenhof.de, geöffnet: März–Ende der Saison tgl. 11–18 Uhr. Ein kleines, nettes Hofcafé mit Garten und Hofladen. Eine empfehlenswerte Spezialität sind die großen, hausgemachten Windbeutel.
- **Restaurant Waldpavillon** €€ <047> Katharinenhof 28, Tel. 879913, geöffnet: April–Aug. tgl., Sept. Di.–So., warme Küche 12–14.30 und 17.30–21.30 Uhr. Lokal liegt erhöht direkt vor der Steilküste in einem kleinen Wäldchen. Von der Terrasse genießt man daher eine

090fm-hj

Logen-Platz mit Meerblick an der Küste bei Klausdorf

grandiose Sicht auf die Ostsee. Es gibt Spezialitäten aus Holstein, einige vegetarische Gerichte und Fischvariationen, aber auch Torte und Kuchen.

Klausdorf

Klausdorf liegt an der Ostseite der Insel, etwa 2 km vom Meer entfernt. Es handelt sich um eine durchaus ländlich geprägte Siedlung mit einigen **Bauernhöfen**, die größtenteils noch bewirtschaftet werden. Die Dorfstraße schlängelt sich als Hauptstraße hindurch, ein paar abzweigende Nebenstraßen ergänzen das Bild. Im Zentrum liegt, von hohen Bäumen umgeben, der kleine **Dorfteich.** Insgesamt ist der Ort klein, zählt vielleicht 100 Einwohner. Zur Inselhauptstadt sind es nur knappe 4 km.

Klausdorf ist etwas touristischer als andere Orte vergleichbarer Größe, denn einige Anbieter von Ferienwohnungen haben hier sehr schicke Anlagen von beachtlicher Größe errichtet. Auch die Bauernhöfe sind nicht gerade klein und der **Campingplatz** (s. S. 42) an der Küste zieht ebenfalls viele Gäste an. Das kleine **Hofcafé Klausdorf** (s. S. 42) mit angeschlossenem **Hofladen** und einem Mini-Streichelzoo liegt sehr schön zentral im Ort. Auf den umliegenden Äckern drehen sich Windräder, ein regelrechter **Windpark** ist hier entstanden. Das Geräusch der Rotoren dürfte aber nur bei hohen Windstärken zu vernehmen sein.

Klausdorfer Strand

Der Klausdorfer Strand erstreckt sich als schmaler, weitgehend **steiniger Streifen**, vor dem sich eine 5–8 m hohe **Stellküste** erhebt. Wer nach links oder rechts läuft, hat recht schnell eine einsame Stelle gefunden. Unmittelbar vor der Küste führt ein **Rad- und Wanderweg** entlang, der an verschiedenen Stellen mit drehbaren, fast sesselähnlichen **Sitzen** ausgestattet ist, wo man sich einfach nur herrlich aufs Meer wegträumen kann.

Ferienidylle in Klausdorf

032fm-mux

Unterkünfte

› **Ferienhof Klausdorf** € <048> Dorfstr. 3, Tel. 8796960, www.ferienhof-klausdorf.de. In einer 25.000 m² großen Gartenanlage stehen gleich mehrere Häuser. Im Angebot sind Ferienwohnungen in einer modernen Wohnanlage, in einem umgebauten Bauernhaus, im ehemaligen Backhaus und in der reetgedeckten Fischerkate. Für Kinder gibt es einen Spielplatz. Außerdem kann man Fahrräder leihen und einen Brötchenservice in Anspruch nehmen. Auch entlang der Dorfstraße werden einige Häuser in unterschiedlichsten Größen vermietet.

› **Campingplatz Klausdorfer Strand** €€ <049> Klausdorfer Strandweg 100, www.camping-klausdorferstrand.de, Tel. 2549, geöffnet: April–Mitte Oktober. Größerer Platz mit ausgedehnter Zeltwiese mit Meerblick. Den besten Blick bieten die (etwas teureren) Komfortplätze, es gibt auch Ferienwohnungen. Wer hier sein Lager aufschlägt, genießt traumhafte Ausblicke, muss aber auch den ständigen Wind hinnehmen. Auf dem Platz gibt es Fahrradvermietung, Spielplatz, Kinderanimation, Sauna, Massagen, Sportplätze und einen Hundestrand.

Einkaufen und Gastronomie

› **Hofcafé Klausdorf & Hofladen** € <050> Dorfstr. 30, www.hofcafe-klausdorf.de, Tel. 879784, geöffnet: April–Anf. Nov. tgl. 7–18 Uhr. Im Hofladen werden unter anderem Zeitungen, Brötchen, Obst, Wurst, Eier, Saft, Honig und weitere Lebensmittel zur Grundversorgung verkauft, zumeist aus eigener Herstellung. Im Café, zu dem auch eine schöne Gartenterrasse gehört, kann man sich mit Frühstück (tgl. 8–11 Uhr), Kuchen, Torten und Eis stärken. Für Kinder gibt es einen kleinen Spielplatz mit Ziegen und Kaninchen.

Bannesdorf

Bannesdorf liegt im **Nordosten** von Fehmarn. Meist sind einzeln stehende Häuser zu finden, das Ortsbild ähnelt ein wenig einer Vorstadtsiedlung. Sowohl die nach Puttgarden führende Bahnlinie als auch die Bundesstraße 207 verlaufen relativ weit entfernt vom Ort. Direkt hinter dem Dorf breiten sich die Felder der Bauern aus, im Ortskern fehlt dieser ländliche Eindruck.

17 St.-Johannis-Kirche Bannesdorf ★ [G4]

Die St.-Johannis-Kirche befindet sich eher am Rande des Ortes Bannesdorf. Sie ist von einem **Friedhof** mit hohen Bäumen umgeben. Die kleinste evangelische Kirche auf Fehmarn stammt aus dem 13. Jahrhundert, Urkunden aus der Gründungszeit existieren aber nicht mehr. Die Kirche ist Johannes dem Täufer gewidmet. Das Gotteshaus wurde aus **rotem Backstein** erbaut und besitzt einen nur unwesentlich höheren schwarzen Holzturm. Auffällig ist, dass der **Glockenturm**, erbaut 1701, neben der Kirche steht. Darin hängt die viertälteste Glocke in Schleswig-Holstein, die 1511 in Rendsburg gegossen wurde. Der **Rokokoaltar** aus dem Jahr 1777 entstand in dem kleinen Ort Wilster an der Elbe. Das Taufbecken (1240) wurde mit Steinen von der schwedischen Insel Gotland erbaut. Es steht im Chor, der mit Backsteinen ausgelegt ist. Darüber besticht ein spätgotisches Wandgemälde. Über den Kirchenbänken befinden sich, leicht erhöht, drei schmuckvolle **Logen**, in denen die Vetternschaft der Witt-Mackeprang (s. S. 103) früher dem Gottesdienst lauschte. Die Marcussenorgel exis-

033fm-mux

tiert schon seit dem 19. Jahrhundert und sie passt farblich zu den Logen und den Kirchenbänken – so ergibt sich in der Gestaltung insgesamt ein sehr stimmiges Bild.

› Bürgermeister-Scheffler-Str. 18, Tel. 3341, geöffnet: Mai–Anf. Okt. (Erntedank) tgl. 9–18 Uhr

Unterkunft und Gastronomie

› **Gasthof Meetz** €€ <051> Kirchenstieg 12, Tel. 8899880, www.gasthof-meetz.de, geöffnet: Di.–Do. 17.30–20.30, Fr., Sa. 11.30–13.30 u. 17.30–20.30, So. 11.30–13.30 Uhr. Diese Pension mit neun Zimmern liegt unweit der St.-Johannis-Kirche in einer Nebenstraße. Ein angeschlossenes Restaurant bietet regionale Küche mit Fisch- und Fleischspeisen sowie kleinere Imbissgerichte.

St.-Johannis-Kirche: die schmuckvollen Logen für die früheren „Promis" der Insel

18 Leuchtturm Marienleuchte ★ [G2]

Ganz oben an der Nordküste, nur 1,3 km südöstlich von Puttgardens 19 Fährhafen, erhebt sich der **rot-weiß gestreifte Leuchtturm** Marienleuchte. Der 33 m hohe Turm besteht aus Stahlbeton. Dieser wurde Anfang der 1960er-Jahre als Ersatz für einen bereits 1832 errichteten, gelb geklinkerten quadratischen Turm erbaut, der noch unter dänischer Herrschaft entstand. Der **Name „Marienleuchte"** wurde zu Ehren der damaligen dänischen Königin gewählt, Marie Sophie Friederike von Hessen-Kassel, der Ehefrau von König Frederik VI. Deshalb prangt noch heute auf der Südseite des Turms das **dänische Wappen.** Sie war seinerzeit persönlich zur Einweihung gekommen, es war wohl nicht ganz zufällig ihr (65.) Geburtstag.

Der Leuchtturm Marienleuchte war zu dieser Zeit der erste und bis 1872 der einzige Leuchtturm auf Fehmarn und diente zur Sicherheit derjenigen

035fm-hj

Schiffe, die regelmäßig zwischen Kopenhagen und Kiel verkehrten. Eine kleine Feriensiedlung etablierte sich im Laufe der Jahre unterhalb des Leuchtturms; sie trägt ebenfalls den Namen Marienleuchte.

Der Leuchtturm **kann nicht von innen besichtigt werden.**

Der Leuchtturm von Marienleuchte (18) vor blühenden Rapsfeldern

Ein Schiff als Einkaufszentrum: der Portcenter BorderShop

(19) Puttgarden ★★ [G2]

Puttgarden ist der vielleicht **bekannteste Ort Fehmarns**, zumindest seitdem die **„Vogelfluglinie"** existiert. 1963, als die Fehmarnsundbrücke (s. S. 60) vom Holsteiner Festland auf die Insel eröffnet wurde, war der Weg frei für eine durchgehende Verbindung nach Dänemark. Ab sofort konnte direkt gereist werden, eben so, wie die Vögel schon immer flogen. Und seit jenen Tagen besteht der **große Fährhafen** in Puttgarden im Norden Fehmarns. Im Halbstundentakt laufen heute Fährschiffe aus und machen den kurzen Sprung über den **Fehmarnbelt** hinüber nach Rødby auf der dänischen Insel Lolland. Die **Europastraße E 47** endet direkt vor dem Hafen und auch der Bahnhof Puttgarden liegt unmittelbar vor der Kaianlage. Da könnte man jetzt hektisches Treiben erwarten, dem ist aber nicht so. Zwar verschwinden Lastwagen und Pkws zügig im Bauch der Fähren, auch ganze Züge werden hineinrangiert, das war's dann aber schon. Besucher können dies prima von einer hölzernen Brücke aus beobachten, einer Art **Besuchergalerie.** Im Hafen liegt auch ein „schwimmendes Kaufhaus", das vier Decks hohe **Portcenter** (s. S. 45). Hauptsächlich Skandinavier decken sich hier mit Alkoholika und anderen Artikeln ein, die in ihren Ländern deutlich teurer sind, auf dem obesten Deck gibt es aber auch eine große Auswahl an skandinavischer Lakritze.

Seitdem eine feste Querung hinüber zum dänischen Nachbarn geplant ist, herrscht allerdings Unruhe. Ursprünglich sollte eine Brücke gebaut werden, nun wird es wohl ein **Tunnel** werden (s. Exkurs „Feste Beltquerung" S. 46). Das dürfte zu Lasten des Fährbetriebes gehen. Und natürlich werden die Bauarbeiten auch das Leben in Puttgarden beeinträchtigen, aber das allerletzte Wort ist in dieser Sache noch nicht gesprochen. Noch pendeln die Fähren jede halbe Stunde und das sowohl tagsüber als auch nachts.

Etwa 1 km vom Fährterminal entfernt liegt das **Dorf Puttgarden.** Wenig spürt man dort vom Fährbetrieb, alles geht seinen ruhigen Gang. In einem schwungvollen Bogen führt die Dorfstraße, im späteren Verlauf Fährhafenstraße, zum Terminal. Die meisten Puttgardener leben in Einfamilienhäusern, die in abzweigenden Straßen stehen. Ein guter Kilometer bleibt noch bis zum schmalen, mit Steinen durchsetzten **Strand.** Von der Deichkrone lassen sich die Fährschiffe gut beobachten.

KURZ & KNAPP

Der Jakobsweg auf Fehmarn

Der berühmteste Jakobsweg verläuft durch Nordspanien nach Santiago de Compostela, aber es gibt in Europa zahlreiche weitere Jakobswege, die alle so etwas wie Zubringer-Pilgerwege sind. Dies gilt auch für die **Via Scandinavica,** die von Fehmarn über Lübeck, Lüneburg und Hannover bis nach Göttingen führt (mehr als 550 km) – ausgeschildert, wie üblich, mit dem **Symbol der Jakobsmuschel.** Frühere Pilger setzten, von Dänemark kommend, mit dem Boot über den Fehmarnbelt, landeten bei Puttgarden 19 an und wanderten dann über die Insel weiter. Der Pilgerweg beginnt am Bahnhof Puttgarden und verläuft teilweise auf unterschiedlichen Routen für Radfahrer und Wanderer, bevor diese in Burg wieder zusammentreffen (siehe auch Wanderung 2, S. 90).

Einkaufen

› **Portcenter BorderShop** <052> Zur Westmole 1a, geöffnet: tgl. 4–20 Uhr. Das vierstöckige Einkaufsschiff liegt direkt am Fähranleger und bietet vor allem Alkohol (Wein, Bier, Spirituosen) an. Freunde des leckeren, leicht salzig schmeckenden dänischen Lakritzes werden hier ebenso fündig. Sämtliche Preise sind übrigens auch in dänischen und schwedischen Kronen angegeben, denn hauptsächlich kaufen hier Skandinavier ein, da die Produkte günstiger sind als in ihrer Heimat.

034fm-hj

Feste Beltquerung – ein Katzensprung nach Dänemark?

Ein Großprojekt sorgt auf Fehmarn für viel Unruhe: eine 19 km lange feste Querung zum dänischen Nachbarn in Form eines Absenktunnels für Auto- und Bahnverkehr, der sog. Fehmarnbelttunnel. Während das Projekt auf dänischer Seite sehr positiv betrachtet wird und die Dänen sogar bereit sind, einen Großteil der 7,4 Mrd. Euro Baukosten zu tragen (die über eine Maut refinanziert werden sollen, 30 % der Kosten übernimmt die EU), herrscht auf Fehmarn große Skepsis. Die Insel wurde 1963 mit der Fehmarnsundbrücke (s. S. 60) an das deutsche Festland angeschlossen; die Verbindung nach Dänemark besorgen seither Fährschiffe, die alle halbe Stunde ablegen und für die Überfahrt 45 Min. benötigen.

036fm-mux

Dies klappte bislang reibungslos, aber seitdem in Skandinavien mehrere große Brückenprojekte erfolgreich verwirklicht wurden, ändert sich dort die Meinung. So wurden Kopenhagen (Dänemark) und Malmö (Schweden) durch die gigantische Öresundbrücke verbunden. Auch die Tunnel- und Brückenverbindung zwischen den dänischen Inseln Seeland (mit Kopenhagen) und Fünen waren richtungweisend. Der Bahn-Güterverkehr rollt jetzt hauptsächlich über diese Verbindung nach Deutschland, Personenzüge fahren hingegen mit der Fähre über Fehmarn, wenngleich es auch einige Züge gibt, die über Fünen nach Hamburg gelangen. Die Strecke über Fehmarn ist etwa 160 km kürzer, durch die Fähre aber zeitintensiver. Das soll sich nun ändern. Speziell die skandinavische Wirtschaft hat Interesse an einer schnelleren Verbindung, auch im Hinblick auf den Lkw-Verkehr.

Die Landesregierung von Schleswig-Holstein gab ihr Okay für das Projekt. Auf deutscher Seite gibt es aber immer noch viele Vorbehalte: So befürchtet man während der Bauphase große Nachteile für Fehmarns Tourismussektor, da auf der Insel für wahrscheinlich sieben Jahre ein großes Camp für Bauarbeiter samt Maschinenpark eingerichtet werden soll. Auch würde der Tunnel finanzielle Einbußen für die Fähren und deren Belegschaft bedeuten. Dies ist aber umstritten, denn selbst zwischen Malmö und Kopenhagen pendeln noch immer Fähren.

Blaues Andreaskreuz: das Symbol der Gegner der festen Beltquerung

Probleme gibt es vor allem mit der Anbindung auf deutscher Seite. Die Autobahn verläuft nur bis Oldenburg 42; die letzten 25 km bis Fehmarn gehen bislang über eine einspurige Bundesstraße, die ausgebaut werden muss. Größere Probleme gibt es auf der Schiene. Momentan verläuft eine teils eingleisige Bahnverbindung von Lübeck nach Fehmarn entlang mehrerer beliebter Ostseeferienorte an der Lübecker Bucht. Diese Strecke hätte zweigleisig ausgebaut und elektrifiziert werden müssen, was zu Protesten der Tourismus-Chefs führte. Nun sind dort neue Trassen geplant, die weiter im Hinterland verlaufen werden. Hinzu kamen Schwierigkeiten bei der Planung, da Naturschützer und Anwohner gegen den Bau klagten. Das Bundesverwaltungsgericht wies im November 2020 jedoch final alle Klagen ab, sodass am Neujahrstag 2021 der symbolische erste (digitale) Spatenstich erfolgte. Baubeginn sollte eigentlich schon 2015 sein, die Eröffnung im Jahr 2021, aber nun hat man diese bereits auf 2029 verschoben.

Auf Fehmarn sieht man an vielen Häusern blaue Andreaskreuze, das Symbol der „Beltretter". Die Projektgegner liefern ihre Argumente unter www.beltretter.de. Die dänische Firma Femern, die den Tunnel baut, hat ein Infobüro eingerichtet (Orthstr. 40, Burg, https://femern.com).

Wenn alles fertig ist, sollen Autos auf der Strecke zwischen Hamburg und Kopenhagen planmäßig etwa eine Stunde schneller sein. Die Fahrzeit der Züge verkürzt sich, je nach Geschwindigkeit, von derzeit 4½ Std. auf 3 Std. (bei 160 km/h) bzw. bei 200 km/h auf etwa 2½ Std.

20 Gedenkort Peter-und-Paul-Kapelle ★ [F2]

Die einstige Peter-und Paul-Kapelle geht auf das Jahr 1198 zurück: Sie gilt als das **erste Gotteshaus** auf der Insel. Der genaue Standort ist nicht bekannt, aber man vermutet ihn etwas außerhalb von Puttgarden 19 und hat dort ein **schmiedeeisernes Kreuz** platziert, außerdem eine winzige **Schutzhütte mit Glockenturm.**

Errichtet wurde sie auf Wunsch des damaligen Papstes Zölestin (auch Coelestin) III. (ca. 1106–1198), damit **skandinavische Pilger** auf ihrer Reise christlichen Schutz erbitten und von Dänemark kommend, ein Dankesopfer für die geglückte Überfahrt spenden konnten. Deshalb wurden auf beiden Seiten des Belts, also auf der dänischen Seite in Dragsminde auf Lolland und eben in Puttgarden, Dank- und Opferkapellen errichtet. Damals brachten Fischer die skandinavischen Pilger über den **Fehmarnbelt** – eine Fahrt, die oftmals mehrere Stunden dauern konnte. Glücklich angekommen, bedankten sie sich bei Gott durch ein Dankesopfer in den **Opferstock**, der heute in der St.-Jürgen-Kapelle 8 in Burg aufbewahrt wird. Die ursprüngliche Kapelle wurde 1644 von schwedischen Truppen zerstört.

Für heutige Pilger ist nun ein Pilgerweg quer über die Insel eingerichtet, der zur **Via Scandinavica** zählt und ein Teilstück des deutschen **Jakobswegs** (s. S. 45) ins spanische Santiago de Compostela ist. Dabei wird dort auch die kleine St.-Jürgen-Kapelle mit dem oben genannten Opferstock passiert (Details s. Wanderung 2 auf S. 90).

› ca. 1,5 km westlich von Puttgarden, zu erreichen über die Straße Op de Wei

Fehmarn, der Nordwesten

Trubel? Fehlanzeige. Hier regiert die Natur. Ländliche Betriebe gibt es in jedem Ort, oftmals sind es **große Bauernhöfe** mit beachtlichen Scheunen. Die Dörfer liegen nicht weit auseinander, aber doch in respektvollem Abstand zueinander. Dazwischen wiegen sich Hafer, Gerste, Raps, Mais und andere Getreide im Wind, drehen sich vereinzelte Windräder. Ruhig ist es hier, und so mancher Landwirt hat auf seinem Hof wunderbare **Ferienwohnungen** eingerichtet.

Die **Küste** ist nie weit entfernt und von einem **Deich** begrenzt. Davor liegen Strände, die mal mehr, mal weniger kieselig sind. Ein Teil der Küstenlinie steht unter **Naturschutz.** Hier findet sich eine Mischung aus Dünen, Feuchtgebiet und sogar eine Heidelandschaft. **Radfahrer und Wanderer** können diese Gegend wunderbar durchstreifen, immer mit Aussicht aufs Meer, denn der geschützte Bereich liegt direkt am Wasser. Hier gibt es keine Siedlungen, bestenfalls einige Campingplätze in der Nähe. Von den meisten Orten sind es nur wenige Kilometer zum Meer, das schafft man gut mit dem Rad. Klassische Sehenswürdigkeiten sind rar, Besucher entdecken hier vor allem die Langsamkeit des Seins (wieder) und gewinnen vielleicht bislang unbekannte Einblicke in die Natur.

Vadersdorf

Das lang gestreckte Dorf liegt ungefähr in der Mitte der Insel und es wirkt richtig schick. Kein Wunder, dass Vadersdorf schon einmal 1997 den zweiten Platz im **Wettbewerb zum schönsten Dorf** im gesamten Kreis Ostholstein erringen konnte.

Mitten durch den Ort führt eine **malerische Lindenallee;** an dieser liegen auch die Häuser, teils älter, teils neuer, aber fast alle mit einem hübschen Garten. Bauernhöfe mit imposanten Scheunen gibt es auch. Das Dorf ist uralt, wurde bereits 1231 urkundlich erwähnt und hat sich über all die Jahre nicht wesentlich vergrößert.

Im Ortskern liegt der Löschteich, den man schon im 19. Jh. anlegte und bis heute pflegt. Damals existierte hier auch ein Thingplatz, der aber heute verschwunden ist. Rund um Vadersdorf sind einige **Wanderungen** mit einer Beschilderung im Stil des Berliner Ampelmännchens ausgewiesen. Der **Strand** ist etwa 5 km entfernt.

Unterkunft

- › **Bauernhof Hopp** €€€ <053> Vadersdorf 26, Tel. 864364, www.bauernhof-hopp.de. Auf dem noch bewirtschafteten Bauernhof werden sieben Ferienwohnungen für 2–5 Personen in einem Land- bzw. Fachwerkhaus sowie drei separate Ferienhäuser angeboten. Ein ausgesprochen schöner, großer Garten mit Liegewiese, Strandkörben, Grillplatz, Spielbereich für Kinder, Trampolin, Ponyreiten und ein Streichelzoo sind ebenfalls vorhanden.

Gammendorf

Rund drei bis vier Kilometer von der Küste im nördlichen Teil der Insel gelegen, ist Gammendorf primär **Durchgangsstation.** Die meisten Reisenden streben zur Küste, zu einem der Campingplätze (s. S. 51) vor allem, aber auch zum Niobe-Denkmal 21 und zum Naturschutzgebiet Grüner Brink (s. S. 50). Gammendorf wird nicht wie viele Dörfer von landwirtschaftlichen Betrieben geprägt, sondern das Ortsbild beherrschen einzeln stehende Häuser. Das war früher anders, gab es hier doch viele teils recht große Bauernhöfe. Gammendorf ist ein alter Ort und wurde bereits 1231 in **Waldemars Erdbuch** erwähnt, wo alle steuerpflichtigen Orte und Bewohner verzeichnet waren. Neben der Durchgangsstraße gibt es noch eine Umgehungsschleife und wenige Stichstraßen. Etliche Straßen tragen **plattdeutsche Namen** wie An Flederbusch („Am Fliederbusch") oder Ton Strand („Zum Strand").

Strände

Etwas mehr als 3 km sind es bis zum **Gammendorfer Strand**, der hier recht ansehnlich ist. Er dehnt sich auf gute 30 m aus und ist nur stellenweise mit Steinen durchsetzt. Ein kleines Wäldchen und ein nicht besonders hoher **Deich** schützen vor Wind. Der bläst hier aber dennoch meist, weshalb sich auch Surfer auf dem Wasser tummeln. Und noch eine inselweite Besonderheit: Hier gibt es **kleine Dünen**, die schön mit Dünengras bewachsen sind.

Unweit hiervon erstreckt sich der **Strand Grüner Brink** vor dem gleichnamigen Naturschutzgebiet – ein **flacher Naturstrand**, der besonders gut für Familien mit Kindern geeignet ist.

Unterkünfte

› **Ferienhof Hopp** €€ <054> Ton Strand 2–4, Tel. 3369, www.ferienhof-hopp.de. Fünf moderne Ferienwohnungen im nordischen Stil für 2–5 Personen und ein Bungalow für bis zu 6 Personen finden sich in einem großen Garten mit tollem Spielangebot für Kinder und einer Hofwiese mit einigen Tieren.

› **Campingplatz Johannisberg** € <055> Johannisberg 3, nicht ganz 3 km von Gammendorf entfernt, Tel. 6059926, www.campingplatz-johannisberg.de, geöffnet: April–Anf. November. Kleiner Camping- und Wohnmobilplatz mit 50 Stellplätzen, es gibt auch Tiny Houses und Tipis. Ein Shop ist ebenfalls vorhanden, außerdem die Chillaz Pizza Bar.

Im Nordwesten kann man wunderbar am Naturstrand spazieren

037fm-hj

21 Niobe-Denkmal ★ [E1]

„Es ist nicht nötig, dass ich lebe, wohl aber, dass ich meine Pflicht tue", so steht es am Fuß eines schlichten Denkmals geschrieben, das sich **direkt am Strand,** etwa 3 km außerhalb von Gammendorf erhebt.

Nur ein Mast ragt in die Höhe und erinnert an die Tragödie des **Untergangs der „Niobe"**, die sich am 26. Juli 1932 etwa 8 km von hier im Meer ereignete. Das Segelschulschiff „Niobe" hatte überwiegend junge Offiziers- und Unteroffiziersanwärter an Bord, die noch keine allzu große

MEIN TIPP

Ausflug ins Naturschutzgebiet Grüner Brink

Dieses Naturschutzgebiet umfasst ein gut 2,5 km langes und bis zu 150 m breites **Feuchtgebiet zwischen Deich und Meer,** das bereits seit 1938 unter Schutz steht. Im Laufe der Jahre entstanden Nehrungen, die sich schließlich schlossen und so kleine **Binnenseen** bildeten. Hier leben bis zu 170 Wasservogelarten, zumeist **Zugvögel,** aber auch viele Arten, die am Grünen Brink brüten. Sogar die Heide blüht hier, was als Besonderheit gilt, denn dieses Phänomen gibt es an der Ostseeküste sonst nur im nördlichen Schleswig-Holstein an der Geltinger Birk und bei Grömitz auf der Schafheide. Zwischen Strand und Heide hat sich im Laufe vieler Jahre ein Strandsee gebildet, sodass auf engstem Raum Ostsee, Strand, Heide und Feuchtgebiet zu finden sind.

Ein **Wanderweg** – auch für **Radfahrer** – führt auf dem Deich am Naturschutzgebiet entlang. Diesen bitte nicht verlassen, er führt schließlich bis zum Strandabschnitt vom Niobe-Denkmal 21 und von dort weiter bis zur Nordspitze Fehmarns. Der NABU betreut das Schutzgebiet im Sommerhalbjahr und bietet auch **Führungen** an, Infos gibt es dazu an einem kleinen Stand.

› **Anfahrt:** Zwei Straßen enden vor dem Naturschutzgebiet, eine führt über Gammendorf, die andere über Todendorf und Johannisberg, an beiden Endpunkten gibt es einen Parkplatz.

Rinder dürfen den Grünen Brink betreten, Menschen nur am Rande

038fm-hj

seemännische Erfahrung hatten und auf diesem Schulschiff der Reichsmarine ausgebildet werden sollten. Nach dem Auslaufen in Kiel näherte sich die „Niobe“ gerade der Insel Fehmarn, als sich das Wetter dramatisch verschlechterte. Plötzlich schoss eine Fallbö herunter, die „Niobe“ legte sich auf die Seite und kenterte schließlich. Das ganze Unglück dauerte kaum zwei Minuten. Glücklicherweise waren zwei Schiffe schnell an der Unglücksstelle, ließen Rettungsboote zu Wasser und konnten 40 Überlebende bergen. Dennoch ertranken 69 Menschen. Die Meldung von dem Unglück traf die Bevölkerung wie ein Schock, galt die „Niobe“ doch als äußerst seetüchtig. Vier Wochen nach dem Untergang wurde das Wrack geborgen, es lag in nur 28 m Tiefe. Die Leichen wurden auf dem Nordfriedhof in Kiel beerdigt.

Am 15. Oktober 1933 wurde das Denkmal enthüllt, knapp neun Monate nach **Hitlers Machtergreifung.** Vor diesem Hintergrund muss der kontroverse Text des Gedenksteins gesehen werden.

Essen und Trinken

› **Beltbude** € <056> Krögenweg 100, beim Parkplatz Grüner Brink, Tel. 0151 59401509, www.beltbude.de, geöffnet: tgl. 11–20 Uhr. Kultiges Lokal mit Meerblick, leckeren Cocktails, Bier, Fischbrötchen, Burgern und Kuchen.

Unterkunft

› **Camping am Niobe** €€ <057> Niobe, Tel. 3286, www.camping-am-niobe.de, geöffnet: April–Mitte Okt. Stellplätze, Mietwohnwagen, auch Mobilheime, die direkt am Strand stehen und deshalb „Strandhus“ heißen. Der Platz liegt unmittelbar hinter dem Deich, wird aber durch einen parallel verlaufenden Tannengürtel vor Wind geschützt. Der Strand ist feinsandig und nur ganz schwach mit Steinchen gesprenkelt. Er hat eine Breite von ca. 30 m, somit bleibt genügend Platz rund ums Handtuch.

22 Dänschendorf ★ [C2]

Dänschendorf ist ein Dorf mit einem knappen Dutzend Straßen sowie drei Teichen und zählt damit zu den etwas größeren Ortschaften in Fehmarns Westen. Der Ortsname erinnert an die lange Phase der **dänischen Dominanz** auf Fehmarn (1320–1864). Das Dorf zeigt sich in einer Mischung aus Alt und Neu: So stehen auch einige für Fehmarn eher ungewöhnliche Reetdachhäuser mitten an der Durchgangsstraße. Am Ortsrand erhebt sich die alte **Windmühle „Flinke Laura“** aus dem Jahr 1871, allerdings heute ohne Flügel und deshalb auch nicht mehr in Betrieb.

Die **Durchgangsstraße,** über die die Urlauber an die Nordwestspitze fahren, zerschneidet den Ort. Bäuerliches Ambiente wechselt sich ab mit dem Charme eines gerade aus den Kinderschuhen herausgewachsenen Dorfes. Und immerhin: Es gibt ein **Lokal** – schon das ein Unterschied zu vielen anderen Fehmarner Gemeinden. Ein Spaziergang endet wohl unweigerlich am **Dorfteich.** Bis zur **Ostsee** sind es 3–4 km, was selbst für ungeübte Radfahrer kein Hindernis darstellen sollte.

Unterkunft

› **Belt-Camping-Fehmarn** €€ <058> Altenteil 24, Tel. 04372 391, www.belt-camping-fehmarn.de, geöffnet: April–Okt. Lang gezogener Campingplatz mit 260 Stellplätzen, ganz im Nordwesten am Landschaftsschutzgebiet zwischen einem Binnensee und dem Ostseestrand gelegen. Mietwohnwagen, Restaurant, Spielplatz vorhanden, einmal übern Deich erreicht man den Strand. Ein Nadelbaumwäldchen schützt den Platz vor dem Wind.

23 Westermarkelsdorf ★ [B1]

Abgelegener und ruhiger geht es kaum; im **äußersten Nordwesten** Fehmarns liegt dieses **adrette Dorf**. Wer hierher kommt, weiß warum. Durchgangsverkehr gibt es nicht. Die Bauernhöfe sammeln sich etwa kreisförmig um den Ortskern, was Westermarkelsdorf eine symmetrische Komponente gibt. Es ist kein Dorf, das ausgesprochen touristisch wirkt. Gleichwohl haben die Bewohner viel Liebe zum Detail aufgewandt, um das Gesamtbild positiv darzustellen, sodass viele hübsche Häuser auffallen. Beim **Dorfteich** ist unter hoch gewachsenen Bäumen ein kleiner **Kinderspielplatz** angelegt, auch ein Detail, das man nicht so oft findet.

Wer zum **Strand** will, muss nur 500 m zurücklegen. Dort weht allerdings zumeist ein starker Wind, der vor allem Surfer anzieht. Der Strand ist nicht übermäßig breit und auch nicht gänzlich frei von Steinen – beim Baden sollte man auf die Strömung achten.

Direkt hinter dem Deich steht ein kleiner, achteckiger **Leuchtturm**, der den Schiffen den Weg in den Fehmarnbelt weist. Erbaut in den Jahren 1881/82 zunächst mit einer Höhe von 10 m, wurde er 1902 auf die heutige Größe von 17,70 m aufgestockt. Für einen Leuchtturm hat er eine etwas ungewöhnliche gelbe Farbe, nur der Aufsatz mit der Laterne ist rot.

Ganz oben an der nördlichsten Spitze von Fehmarn liegt die **Markelsdorfer Huk**, eine geschlossene Nehrung, die den Salzsee und den Nördlichen Binnensee einfasst.

039fm-hj

Unterkünfte

› **Ostseehaus** €€€ <059> Westermarkelsdorf 8, Tel. 04562 223211, www.ostseehaus-fehmarn.de. Auf dem ehemaligen Bauernhof mit großem Garten residiert man in einer von 7 unterschiedlich großen, sehr behaglich gestalteten Ferienwohnungen, nur 500 m vom Strand entfernt, oder in einem der Ferienhäuser direkt am Strand.

Der helle, achteckige Leuchtturm von Westermarkelsdorf

Essen und Trinken

› **Altes Zollhaus** €€ <060> Westermarkelsdorf 11, Tel. 04372 991635, www.zollhaus-fehmarn.de, geöffnet: Di.–So. 12–21 Uhr. Bodenständige Küche mit Fischgerichten aus der Ostsee, Fleischspeisen, beispielsweise Holzfällersteak, und Aufläufen.

24 Petersdorf ★★ [C3]

Im Vergleich zu anderen Orten auf Fehmarn kann man Petersdorf durchaus als größeren Ort bezeichnen. Die relativ **zentrale Lage im Westen der Insel** hat Petersdorf zu einer Art Anlaufpunkt und Verkehrsknoten werden lassen.

Petersdorf wurde, wie so viele Fehmarner Gemeinden, erstmals im Erdbuch von König Waldemar II. erwähnt und erfasst. Damals hieß das Dorf **Pethaersthorp** und war ziemlich klein, aber im 18. Jahrhundert zählte man hier knapp über 100 Wohnhäuser, was für diese abgeschiedene Insel und die Lage des Ortes im Inselinneren doch recht beachtlich war. Auch deshalb gab es schon sehr früh eine Schule in Petersdorf, erstmals fand diese im Jahr 1596 Erwähnung.

Im Laufe der Zeit siedelten sich einige Kleinhandwerker und Gewerbetreibende an; so zählte man beispielsweise im 18. Jahrhundert 13 Schuster in Petersdorf. Im Zuge dessen entstand die 1893 erbaute **Südermühle,** die heute etwas verlassen und ohne Flügel am Ortsrand steht. Petersdorf hatte sogar einen Bahnhof, aber nach Einstellung des Bahnverkehrs wurde er in ein Privathaus umgewandelt. Die alte Bahntrasse existiert heute als Radweg.

Der Ortskern rund um die Kirche zeigt sich idyllisch. Dazu tragen auch

die Straßen mit **Kopfsteinpflaster** bei, an denen etliche ältere Häuser stehen.

In Petersdorf findet alljährlich das **Rapsblütenfest** (s. S. 102) statt. Dann kommen Tausende zusammen, die Natur hat sich derweil ein gelbes Kleid angezogen. Höhepunkt ist die Wahl der Rapskönigin, aber auch sonst wird kräftig gefeiert, ein ganzes Wochenende lang. Das Rapsblütenfest ist ein Augenschmaus sondergleichen, denn weit und breit wogt ein Meer von gelben Blüten.

Ungefähr 500 m außerhalb von Petersdorf an der Straße nach Dänschendorf ㉒ befindet sich ein **kleiner Teich**, der sogenannte **Ratssoll.** Dieser ist nicht künstlich angelegt, sondern bildete sich bereits während der Eiszeit. Der Teich spielte schon immer eine große Rolle in der Wasserversorgung dieser Gegend, da es auf Fehmarn keine nennenswerten Flüsse gibt. Bereits in der Vorzeit befand sich hier ein Thingplatz der Germanen; im Mittelalter wurde an dieser Stelle eine Hinrichtungsstätte geschaffen, indem ein kleiner Hügel aufgeschichtet wurde. Diese Stelle wird bis heute **Galgenberg** genannt, obwohl die Opfer hier durch das Schwert zu Tode kamen.

Nicht weit von Petersdorf entfernt liegt Bojendorf und von dort ist es nicht weit zum **Bojendorfer Strand**, an dem man Strandkörbe leihen kann und eine gute Infrastruktur vorfindet (Parkplatz, WC, DLRG). An dem Naturstrand gibt es bewachsene Dünen.

㉕ St.-Johannis-Kirche Petersdorf ★★ [C3]

Weithin sichtbar ist der spitz zulaufende **Turm** der St.-Johannis-Kirche, mit 62 m **der höchste der Insel.** Angeblich diente er den Seeleuten auf dem Meer in früheren Zeiten als Orientierungspunkt. Er wurde nach einem Brand im 16. Jahrhundert neu erbaut.

040fm-mux

Die Kirche selbst wurde im 13. Jahrhundert aus rotem Backstein errichtet. Das genaue Datum bleibt unbekannt, wahrscheinlich datiert sie aus der Zeit um 1250, als der dänische König Waldemar II. die Regentschaft über die Insel ausübte. Die Kirche wirkt recht dominierend, aber zugleich äußerst schlicht.

Im Inneren setzt sich der Eindruck der stilvollen Schlichtheit fort, wuchtige Stützpfeiler und Spitzbögen tragen das **dreischiffige Gotteshaus**, aber sie integrieren sich geschickt ins Gesamtbild. Mehrfach wurde die Kirche restauriert und umgebaut, zuletzt im 19. und 20. Jahrhundert. Der dreiflügelige gotische **Altar** wurde bereits 1390 geschaffen. Noch ein paar Jährchen mehr zählt das gotländische Taufbecken aus Kalkstein (1280), der achteckige Taufdeckel entstand um 1779. Die hölzerne Kreuzgruppe über dem Altarraum wird auf das 15. Jahrhundert datiert, die Kanzel entstand um 1600. An den **Seitenwänden** hängen diverse gestiftete Gemälde und etliche kunstvoll geschnitzte Holzepitaphe reicher Fehmarner, wobei die Namen der Stifter noch heute auf Fehmarn bekannt sind und teilweise eine tragende Rolle im gesellschaftlichen Leben der Insel spielen.

Ein Detail im Außenbereich lässt sich nur teilweise erkennen; ideal wäre ein Blick von oben, denn rund um die Kirche wurde kreisförmig ein **Ring aus Bäumen** gepflanzt.

› An der Kirche 4, Tel. 04372 209, geöffnet: Mai bis Sept. täglich 9–16 Uhr

Malerisches Petersdorf (24): hier gibt es noch Reetdachhäuser

Essen und Trinken

- **Die kleine Kaffeestube** € <061>, Alte Hauptstr. 15, Tel. 04372 7229908, www.diekleinekaffeestube.jimdo.com, geöffnet: Fr.–So. ab 9.30 Uhr. Dieses kleine Café mit Mini-Terrasse liegt im Ortskern von Petersdorf, nicht sehr weit entfernt von der St.-Johannis-Kirche, und bietet Torten, Waffeln, Quarkspeisen und Eiskaffee.
- **Dorfkrug** €€ <062> Mittelstr. 9, Tel. 04372 806181, geöffnet: tgl. 12–14.30 und 17–21.30 Uhr. Ein Lokal, das sich treu bleibt und nicht jeder Mode nachläuft. Hier gibt es vor allem Fischgerichte, die, wie es heißt, „fangfrisch vom Kutter" kommen. Es wird jedoch auch Deftiges wie Sauerfleisch angeboten. Im Sommer kann man auf der kleinen Terrasse sitzen.

Einkaufen

Es gibt ein kleines **Einkaufszentrum** mit zwei Supermärkten am Ortseingang aus Burg kommend.

- **Insel-Kontor** <063> Grasweg 2/Ecke Bahnhofstr., Tel. 0160 1617296, www.inselschumi.de, geöffnet: in der Saison tgl. 11–17. Hier gibt es fast alles: Frisch zubereitete Fischbrötchen, Getränke, Souvenirs, Schnäppchen und Wohnaccessoires. Es werden Räder verliehen, man kann eine Runde Dünengolf – die Strandvariante des Minigolf – spielen und die lieben Kleinen dürfen einen Piratenschatz suchen. Noch etwas vergessen? Kann sein, denn es ist auf jeden Fall erstaunlich, was sich alles hinter diesem kleinen Kiosk an der Durchgangsstraße verbirgt.
- **Fehmarn Steine** <064> Erlengrund 14, Tel. 991390, www.fehmarnsteine.de, geöffnet: April und Mitte Sept.–Oktober Mo.–Fr. 10–12, Mai–Mitte Sept. Mo.–Fr. 10–15 Uhr. Individueller Naturschmuck aus gefundenen Strandsteinen, eingefasst in Silber.

MEIN TIPP

Kulinarische Auszeit im Flora-Café

Dieses **Hofcafé** befindet sich in einem **umgebauten Pferdestall** und wird durch eine Außenterrasse ergänzt. Angeboten werden Torten und Kuchen nach altem Familienrezept und Kaffeespezialitäten aus Wien. Bestellt wird am Tresen, serviert am Tisch. Im kleinen Hofladen lassen sich selbst produzierte Marmeladen und Gelees erstehen.

› **Flora-Café** € <066> Altjellingsdorf 1, an der L 209 von Landkirchen nach Petersdorf, direkt am Fahrradweg, Tel. 879214, www.flora-cafe.de, geöffnet: in der Saison tgl. 13–18 Uhr

041fm-hj

Lemkendorf

Der Ortsname leitet sich ab von **„Lämmchen-Dorf"**, was einen Hinweis auf die bäuerliche Vergangenheit gibt, da hier wahrscheinlich überwiegend Schafe gezüchtet wurden.

Heute wirkt Lemkendorf gar nicht mal so klein. Eine relativ breite und durchaus stark befahrene Straße führt mitten durch den Ort, in den paar Stichstraßen ist es dann gleich sehr viel ruhiger. Es gibt hier zwar einige Höfe, aber das Ortsbild wird eher von Einzelhäusern geprägt, von denen einige topmodern gestaltet sind. Prägend ist ferner der große, schilfbewachsene **Dorfteich**, der direkt an der Durchgangsstraße liegt. Hier kann man als Radfahrer nett rasten und den Enten zuschauen. Der einzige **Flusslauf** der Insel führt ebenfalls an Lemkendorf vorbei.

Das Flora-Café empfängt seine Gäste in einem restaurierten Stall mit Sonnenterrasse

Der Ort liegt sehr **zentral** in Westfehmarn, also nur 2–3 km vor Petersdorf 24 und ungefähr 3 km von der Küste entfernt. Auch sind es jeweils nur wenige Kilometer nach Burg und Landkirchen 34. So hat sich Lemkendorf zu einem Kreuzungspunkt vieler Straßen und Wege entwickelt. Davon profitieren auch die Betreiber des **Flora-Cafés** (s. oben), eines Hofcafés auf halbem Weg zwischen Petersdorf und Landkirchen, denn dort stoppen sowohl Radfahrer als auch Autofahrer gern und häufig.

Unterkunft

› **Ferienhof Becker** €€ <065> Inselstraat 6, Tel. 04372 330, www.becker-fehmarn.de. Komfortable Ferienwohnungen für 2–6 Personen sowie ein Ferienhaus namens „Liebevoll" auf einem größeren Hof, bei dem schon die Auffahrt hervorsticht. Etliche Tiere laden zum Streicheln und Reiten ein. Es gibt viel Grün neben dem weißen, herrschaftlichen Haus, außerdem eine große Gemeinschaftsterrasse mit Grillplatz, Spielmöglichkeiten für Kinder und einen großen Garten.

Fehmarn, der Südwesten

Hier im Südwesten ist eine Menge los – jedenfalls im Vergleich zum Rest der Insel. Hier treffen sich die **Surfer**, es gibt mehrere gute **Campingplätze**, die meisten direkt an der Küste, man kann entspannt radeln und sogar Golf spielen. In gemütlichen **Hofcafés** (zum Beispiel Hofcafé Bisdorf, s. S. 68, und Hof Café Albertsdorf, s. S. 64) kann man die Seele baumeln lassen. Auch eine Prise **Hafenromantik** lässt sich in Fehmarns Südwesten tanken. Und nicht zuletzt genießt man von verschiedenen Orten einen imposanten Blick auf die mächtige **Fehmarnsundbrücke** (s. S. 60).

Die Küstenlinie wird von **zwei Buchten** geprägt. Einige Orte liegen direkt am Meer, was sonst auf Fehmarn gar nicht so häufig der Fall ist. In **Wulfen** ㉖ vereint sich Historie in Gestalt eines Langbettgrabs ㉗ mit einem modernen Golf- und einem topmodernen Campingplatz. Im kleinen Ort **Gold** mit seinem beliebten Strand ㉜, der sehr geschützt an der Orther Reede liegt, treffen sich bei gutem Wind Surfer aus ganz Schleswig-Holstein und Hamburg. Auch in **Lemkenhafen** ㊱ und **Orth** ㊳ wird gesurft, hier kommen aber auch die Segler auf ihre Kosten. Und wie es sich für einen Ort(h) mit maritimen Aktivitäten gehört, gibt es dort zudem einige urige Lokale mit Meerblick, die zu einer Pause einladen.

Ganz am Rande, bei **Wallnau**, erfreut Besucher ein großes **Wasservogelreservat** ㊵, wo man von gut getarnten Aussichtspunkten vielerlei Vögel beobachten kann. Im Inselinneren liegt mit **Landkirchen** ㉞ einer der größten Orte der ganzen Insel und ein zentraler Verkehrsknotenpunkt: Hier treffen sich nicht nur wichtige Straßen, sondern auch einige Radwege.

Apropos: **Radler** können einen Großteil dieser Küste sehr schön direkt am Wasser erradeln und dabei sogar die fotogene und weithin sichtbare Fehmarnsundbrücke unterqueren.

㉖ Wulfen ★★ [E6]

Wulfen besteht aus vier Straßen und liegt im südöstlichen Bereich der Insel, knapp 1 km vor einem **Nehrungshaken** mit langem Sandstrand. Hier findet sich einer der besten Campingplätze Europas. Der Ort Wulfen bietet zudem einige nette Ferienwohnungen. Von hier sind sowohl die Inselhauptstadt Burg als auch die Sandstrände schnell erreichbar. Radtouren in die Natur beginnen praktisch vor der Haustür.

Wulfen hat **zwei Strände:** auf der einen Seite den **Burger Binnensee**, der am Rand ziemlich flach ist und deshalb mit Vorliebe von Surfeinsteigern zum Üben genutzt wird, und dann jenen am **Nehrungshaken** zur offenen Ostsee vor der auslaufenden Steilküste.

Ganz in der Nähe (die Straße Bargmöhl am Golfplatz vorbei bis zum Parkplatz fahren) liegt ein **Aussichtspunkt**, der sich etwas aus der flachen Insellandschaft erhebt. Er ist Teil der **Wulfener Berge**. Nun ja, er ist nicht besonders hoch, aber ein paar Meter über Normalnull sind es schon ... Von dort eröffnet sich ein tolles **Panorama**: Der Blick gleitet über die Landschaft und man kann die **Fehmarnsundbrücke** (s. S. 60) in voller Pracht bestaunen.

27 Nachbau steinzeitliches Langbettgrab ★★ [E6]

In den **Wulfener Bergen** lässt sich der Nachbau eines steinzeitlichen Langbettgrabs besichtigen. Es ist im Ort Wulfen 26 **ausgeschildert**, liegt am Rande des Golfplatzes und ist frei zugänglich.

Hier befand sich bis zum 19. Jahrhundert tatsächlich ein frühgeschichtliches Gräberfeld etwa aus der Zeit um 3600–3200 v. Chr., das aber beim Deichbau zerstört wurde. Die Langbettgräber waren bis zu 130 m lang und von einem Erdhügel bedeckt. Der Nachbau ist nun 60 m lang, 7 m breit und hat zwei Kammern, die aus sieben Träger- und zwei Decksteinen bestehen, welche man klar unterscheiden kann.

Etwas abgesetzt stehen noch zwei **Wächtersteine.** In der Mitte der Anlage wurde ein **Opferstein** platziert, auf dem die Frühmenschen ihren Göttern opferten.

Unterkunft

› **Camping- und Ferienpark Wulfener Hals** €€€€ <067> Wulfener-Hals-Weg 100, Tel. 86280, www.wulfenerhals.de, ganzjährig geöffnet. Einer der größten und bestorganisierten Campingplätze, direkt am Sandstrand, mit 860 Stellplätzen, etwa 100 Stellplätzen für Womos im eigenen Wohnmobilpark und breitem Unterhaltungsprogramm. Dazu zählen ein Golfplatz, eine Golf- und Tauchschule, eine Surfschule mit Testzentrum (Windsurfing Wulfen, s. S. 88), Fahrradverleih, Swimming- und Whirlpool, Liveshows und gelegentlich Livemusk auf der eigenen Bühne, Kinderanimation, Sauna und Wohnwagen zum Mieten. Es gibt auch mehrere gastronomische Betriebe. Diverse Sparpakete sind buchbar. Man kann zudem Ferienhäuser und Apartments mieten, entweder direkt am Strand, am Schwimmbad oder am Golfplatz gelegen. Die Ferienwohnungen sind unterschiedlich groß (23–100 m²), entsprechend variieren die Preise.

Steinerne Wächter: das nachgebaute Langbettgrab

Der Hafen von Fehmarnsund mit Segelbooten und Werft

28 Fehmarnsund ★ [D7]

Ein weiteres Straßendorf, das beinahe am Fuße der **Fehmarnsundbrücke** (s. S. 60) liegt. Von hier setzten früher die „Boote nach Europa" über, so schnackten jedenfalls die stolzen Fehmarner Bauern, wenn sie aufs Festland wollten. Davon geblieben sind ein **Segelhafen** und eine kleine **Werft** auf dem ehemaligen Gelände des Fähranlegers.

Die Straße nach Fehmarnsund beschreibt eine Schleife durch den Ort und führt dann wieder hinaus. Allzu viele touristisch genutzte Gebäude gibt es nicht, auffällig heben sich die alten, hohen Bäume ab. Außerdem verläuft hier ein schmaler, etwas längerer **Sandstrand.** Sogar ein paar Dünen bieten Schutz gegen den Wind, sodass man sich hier wunderbar **sonnen** kann. Und den Blick auf die Fehmarnsundbrücke bekommt man gratis dazu. Direkt davor gibt es einen Parkstreifen, auch für Wohnmobile. Die Häuser im Ort sind teils ultramodern, teils etwas betagt, aber die meisten Bewohner genießen einen tadellosen Ostseeblick.

Ein kleines **Kunstwerk** schaut ebenfalls aufs Meer: Sönke Langbehn erschuf hier drei Stelen mit je einem Auge, die ein wenig an ein U-Boot-Periskop erinnern. Sie sollen einen Blick in die Zukunft, in die Gesellschaft und in die Seelen unserer Mitmenschen symbolisieren.

So **friedlich-verschlafen** sich Fehmarnsund heute präsentiert, vor dem Bau der Fehmarnsundbrücke ging es durchaus quirliger zu. Zumindest zeitweise, denn genau hier legte lange Zeit die **Fähre vom Festland** kommend an. Schon im 13. Jh. gab es Verbindungen mit Segelbooten („Prahmen"), allerdings ohne geregelten Fahrplan. Seit 1903 pendelte ein Dampfschiff regelmäßig nach Großenbrode auf dem Festland. Es gab sogar phasenweise eine Bahnverbindung von Heiligenhafen 41 (Festland) bis nach Orth 38 auf Fehmarn – eine kleine Fähre transportierte die Güterwaggons schließlich auf die Insel. 1927 wurde die erste Fähre abgelöst durch eine größere, die nun auch Passagierwaggons transportierte. Die Strecke wurde mit einem Schienenbus bedient. Die

043fm-hj

Die Fehmarnsundbrücke

Die Ferienwohnung ist gebucht, das Auto rollt gen Ostsee, die Sonne scheint. Und dann, kurz nachdem man das Ende der Autobahn erreicht hat und auf der Landstraße weiterfährt, erblickt man die Ostsee mit weißen Segeltupfern auf blauem Wasser. Und ganz im Hintergrund etwas Fremdartiges, eine Art überdimensionierter Kleiderbügel. Ein paar Kurven weiter ist es schon besser zu erkennen: kein Kleiderbügel, sondern ein Brückenbogen – die Fehmarnsundbrücke [D7]. Seit 1963 verbindet sie Fehmarn mit dem Festland.

Planungen zu einem derartigen Brückenschlag gab es schon lange, bereits 1865 kam die erste Idee auf den Tisch. Eine deutsch-dänische Verbindung, bestehend aus Fähren und Dämmen, sollte über Fehmarn gebaut werden, in etwa der heutigen Linie folgend. Das Vorhaben kam jedoch nicht voran. Nach dem Zweiten Weltkrieg sah die Lage anders aus.

Die einzige Route über die Ostsee, eine Fährverbindung von Warnemünde (bei Rostock) nach Gedser, war nach der deutschen Teilung nicht mehr nutzbar. Der Verkehr floss nun umständlich über Flensburg bis Fredericia, von dort über den Kleinen Belt nach Odense und Nyborg und dann über den Großen Belt auf die dänische Hauptinsel Seeland mit Endziel Kopenhagen. Ein Weg, der auch heute noch genutzt wird. Diesen riesigen Umweg zu verkürzen, war die Idee der Vogelfluglinie. Zu-

080fm ©hanseat, stock.adobe.com

nächst pendelten Fähren vom Festlandhafen Großenbrode nach Gedser, aber das war nur ein Zwischenabschnitt. Eine „große" Lösung sollte her. Zwanzig Planungsentwürfe gingen ein, wurden geprüft; schließlich entschied man sich für den „Kleiderbügel". Der Bau der Brücke war eine gewaltige Leistung. Hier die offiziellen Zahlen:

- **Länge:** 963,40 m
- **Durchfahrtshöhe:** 23 m
- **Scheitelhöhe des Bogens:** 69 m ü. M.
- **Gesamtbreite:** 20,95 m
- **Autospur:** 7,50 m
- **2 Mopedstreifen:** je 1,25 m
- **öffentlicher Gehweg:** 1,58 m

An einen Fahrradweg dachte damals niemand. Die Eisenbahn rollte übrigens auch noch über die Brücke. Die Kosten für den Bau betrugen umgerechnet 153 Mio. Euro, die Dänen steuerten ca. 41 Mio. Euro bei. Am 30. April 1963 wurde die Brücke dem Verkehr übergeben. Zwei Wochen später eröffnete Bundespräsident Lübke zusammen mit dem dänischen König Frederik IX. die Fährverbindung zwischen Puttgarden (19) und Rødby; damit war die Vogelfluglinie Wirklichkeit geworden.

Damals stand das Projekt unter dem Stichwort „Hafraba", einer durchgehenden Autobahnverbindung Hamburg – Frankfurt – Basel mit Verlängerung nach Norden. Man träumte von einem Weg von Lissabon bis nach Helsinki. Nach dem Bau der Brücke wurde eine 13 km lange neue Straße bis zum Fährhafen Puttgarden gebaut. Diese verläuft völlig kreuzungsfrei über die Insel; insgesamt fünf Überführungen machen es möglich. Die zeitlichen Einsparungen waren enorm. Benötigte die alte Fähre von Großenbrode nach Gedser noch drei Stunden, schippert man heute in weniger als einer Stunde nach Rødby. Die Züge von Hamburg nach Kopenhagen benötigen knapp viereinhalb Stunden, fast die Hälfte der Zeit, die sie auf der alten Strecke über Flensburg und Fredericia benötigten.

Mittlerweile gibt es weitere Pläne. Die neuen Brücken in Skandinavien, darunter die gigantische Öresundbrücke, gelten hier als richtungweisend. Um die letzte Lücke zu schließen, soll ein Tunnel gebaut werden: von Fehmarn über den Belt zum dänischen Rødby (s. Exkurs „Feste Beltquerung" S. 46). Was mit der Fehmarnsundbrücke passiert, ist derzeit noch nicht ganz klar, aber es wird auch hier einen neuen Absenktunnel für Straße und Schiene geben. Da voraussichtlich ab 2029 der Tunnel nach Dänemark fertig sein wird, benötigt man bis dahin auch eine verlässliche Anbindung an das deutsche Festland. Der neue Tunnel soll die Fehmarnsundbrücke ergänzen, die dann nur noch von Fußgängern, Radfahrern und langsamen Fahrzeugen genutzt werden soll.

Ende 1998 schlug das Landesamt für Denkmalschutz in Kiel vor, die Fehmarnsundbrücke unter Denkmalschutz zu stellen. Die Brücke sei mittlerweile eine Art Wahrzeichen von Schleswig-Holstein und solle in ihren baulichen Eigenarten erhalten bleiben. Vor allem sollen Eingriffe in die Konstruktion verhindert werden. Knapp 35 Jahre nach seiner Eröffnung wurde das Bauwerk also bereits auf eine Stufe mit altertümlichen Gebäuden gestellt – wenn das keine Karriere ist?

Die Fehmarnsundbrücke, vom Festland aus gesehen

Fahrgäste blieben während der Überfahrt einfach im Zug sitzen, denn die Seeverbindung bediente ein Trajekt, eine Eisenbahnfähre. Nach Eröffnung der Fehmarnsundbrücke 1963 war es in Fehmarnsund mit der Betriebsamkeit vorbei.

Unterkunft

› **Campingplatz Miramar** €€€ <068> Fehmarnsund 70, Tel. 3220, www.camping-miramar.de, geöffnet: Ende März bis Ende Okt. An einem Naturstrand in Sichtweite zur Fehmarnsundbrücke gelegen. Angeboten werden u. a. Minigolf, Tennis, Sauna, Kinderspielplatz und Animation für die kleinen Gäste, Tischtennis, Ponyreiten, Wasserski im Sommer, Tanz und Livemusik. Es gibt auch Mietwohnwagen und ein Restaurant.

Strukkamp

Ein weiteres Straßendorf im Süden der Insel, die Europastraße E 47 verläuft in Sichtweite. Das **Dorfbild** zeigt sich etwas durchmischt: Wenngleich unübersehbar ältere Gebäude dominieren, wurde das eine oder andere neuere Haus gebaut. Viele bieten eine schöne Sicht über die Felder. Früher prägte die Landwirtschaft stärker das Bild, das dokumentieren die großen Scheunen der Bauern, an denen Jahreszahlen wie 1914 prangen. In einigen der oftmals gut erhaltenen Wohnhäuser lebten früher wohlhabende Seeleute.

29 Strand Strukkamphuk ★ [D6]

Bis zum Strand sind es vom Ort Strukkamp aus nicht einmal 2 km. Dieser ist relativ schmal und liegt vor einem Deich; hier treffen sich die **Wind- und Kitesurfer.** Ein empfehlenswerter und recht großer Campingplatz (s. rechts) befindet sich direkt hinter dem Deich; die Camper haben damit relativ kurze Wege bis zum Wasser.

30 Leuchtturm Strukkamphuk ★ [D6]

Vom Strand Strukkamphuk 29 aus Richtung Süden liegt der **kleinste insulare Leuchtturm.** Er wurde 1872 in Dienst gestellt, später mehrfach umgebaut und baulich verbessert.

Anfangs wurde nur jeden Abend eine Laterne an einem Mast hochgezogen. 1896 baute man schließlich einen achteckigen Turm aus Eisen, der nur 5 m hoch war. 1935 ersetzte ein neuer, nun runder Turm den alten und genauso steht er noch heute, **weiß getüncht**, am Strand. Obwohl er nur so klein wirkt, hat er doch als Unterfeuer zum Leuchtturm Flügge 39 eine wichtige Bedeutung für die Schifffahrt.

Vom Leuchtturm eröffnet sich ein schöner Blick auf den Sund bis zum Festland. Etwa 1 km entfernt spannt sich die **Fehmarnsundbrücke** (s. S. 60) hinüber aufs Festland, eine Piste führt genau bis zum Fuß der Brücke. Gewaltig sieht sie aus, von hier unten betrachtet.

Für Autofahrer ist an dieser Stelle Schluss; **Wanderer** und **Radfahrer** haben allerdings die Möglichkeit, entweder auf die Brücke zu gelangen (ein schmaler Weg führt hinauf) oder sie zu unterqueren und den Weg in den Südosten Fehmarns fortzusetzen (s. Radtour 2 S. 96).

Unterkunft

› **Campingplatz Strukkamphuk** €€€ <069> Strukkamp 83 Tel. 2194, www.strukkamphuk.de, Ostern bis Ende Oktober geöffnet. Der Campingplatz Strukkamphuk liegt in Sichtweite zur Fehmarnsundbrücke direkt am Strand. Er bietet 600

Stellplätze, die Hälfte davon sind für Dauercamper vorgesehen. Wohnwagen lassen sich ebenfalls mieten. Alle Plätze besitzen einen eigenen Strom- und Wasseranschluss. Im Sommer gibt es ein Animationsprogramm, außerdem lockt eine Beachbar. Zur Rapsblüte, im Herbst etc. sind Komplettangebote buchbar. Der Strand ist perfekt geeignet zum Brandungsangeln. Er ist auch als Surf-Stehrevier beliebt, deshalb hat hier auch die Windsurfing- und Segel-Schule Charchulla (s. S. 88) des Charchulla-Twins Jürgen ihren Sitz.

31 Steingrab bei Gold ★★ [D6]

Etwa 500 m außerhalb der winzigen Ortschaft Gold befindet sich in einem Wäldchen fast am Meer ein ca. 5500 Jahre altes **Megalithgrab.** Dieses Grab wird **Alverston** oder **Alversteen** genannt. Es wurde auf einer leichten Geländeerhöhung errichtet und stammt vermutlich aus der Jungsteinzeit (3500 v. Chr.). Es besteht aus vier Trägersteinen, auf denen ein weiterer Deckstein ruht. Diese Art Grab wird auch **Dolmen** genannt.

Durch die nahe Lage zum Meer diente das Grab den Seeleuten Anfang des 19. Jh. als **Seezeichen.** Daher wurde es weiß angestrichen und der Deckstein trug ein weißes Kreuz. Dies wurde erst 1832 wieder rückgängig gemacht. In der Grabkammer fand man Keramikgefäße, Bernsteinschmuck und Steingeräte.

› ca. 500 m südlich von Gold, der Weg zum Grab ist ausgeschildert

32 Strand von Gold ★★ [D6]

Eine Stichstraße führt von Albertsdorf 33 kommend in den Ort **Gold.** Was sofort auffällt, ist, dass die Fläche der Parkplätze bald größer ist als der Ort selbst. Dieser besteht

Mit Wind im Rücken: die Kiter vor dem Strand von Gold

045fm-hj

aus kaum mehr als einem halben Dutzend Häusern. Sobald der Wind so richtig weht, füllen sich die Parkplätze jedoch ruck, zuck (vor allem mit Wohnmobilen), denn dann kommen **Surfer** aus allen Teilen Schleswig-Holsteins und aus Hamburg, wie man dann unschwer an den Nummernschildern der Autos erkennen kann.

Die **Bucht** vor Gold ist **sehr flach,** ein gutes Revier für Surfeinsteiger also, aber auch Könner flitzen hier übers Wasser. Wegen der geringen Wassertiefe ist der schmale Strand auch bei Familien mit Kindern ausgeprochen beliebt. Er wird von einem nicht sehr hohen **Deich** begrenzt. Direkt dahinter findet sich die Pension Haus Achtern Diek und die Surfschule KiteBoarding Fehmarn (s. S. 87).

Unterkunft

› **Haus Achtern Diek** € <070> Gold 4, www.achterndiek-gold-fehmarn.de, Tel. 4149. Selten trifft es ein Name mal so wie hier, denn die charmante und behagliche Pension steht tatsächlich unmittelbar „hinter" dem Deich („achtern" auf Plattdeutsch). Angeboten werden EZ, DZ mit Küchenzeile, Studios und Apartments für 2–4 Personen. Angeschlossen ist ferner ein Café, in dem auch Frühstück serviert wird (8–11 Uhr, Sa./So. bis 13 Uhr), außerdem gibt es eine kleine Bistrokarte. Im Garten findet man gemütliche Sitzecken direkt am Deich.

33 Albertsdorf ★★ [D6]

Dieser kleine Ort liegt knapp 1 km vom Wasser entfernt. Dadurch ist es hier **ländlich ruhig.** Den Trubel der Surfer im Nachbarort Gold bekommt man allenfalls am Rande mit, wenn die Surfgemeinde bei passendem Wind mit ihren Wohnmobilen anrückt, denn die Straße nach Gold führt haarscharf an Albertsdorf vorbei.

Das Ortsbild prägt eine Mischung aus wenigen Bauernhöfen und mehreren Einzelhäusern, darunter auch einige mit teils sehr schön bepflanzten Vorgärten. Weiterhin gibt es **zwei Teiche**, von denen der größere von Ruhebänken umgeben ist. Albertsdorf ist etwas länger gezogen, ungefähr in der Mitte befindet sich das gemütliche **Hof Café Albertsdorf** (s. unten), das in einer ehemaligen Scheune untergebracht ist. Im Süden, gegenüber vom zweiten Teich, steht am Ortsrand ein Stein mit Markierungen. Dieser Stein wird **Dodelstein** genannt; die Markierungen heißen **Hausmarken.** Hausmarken durften früher nur freie Bauern verwenden. Jede Familie führte eine eigene, unverwechselbare Hausmarke. Diese bestand aus Symbolen, Zeichen oder geometrischen Mustern und zeigte den Besitzer eines Werkzeugs oder einer sonstiger Gerätschaft an. So konnte ein Gut einem bestimmten Besitzer zugeordnet werden. Dodelsteine markierten die Grenzen eines Grundstücks und zeigten einem Fremden auch an, dass diese Grenze nicht überschritten werden durfte. Der Name Dodelstein leitet sich ab von „dödeln", was in etwa „kein Fortkommen" bedeutet. Den Stein von Albertsdorf ziert die Jahreszahl 1615 sowie ein Dreieck mit einem Kreuz, das von den Buchstaben M und S eingerahmt wird.

Essen und Trinken

› **Hof Café Albertsdorf** €€ <071> Albertsdorf 13, Tel. 502524, www.hofcafe-albertsdorf.de, geöffnet: Ostern–Okt. Mo./Mi./Do./Fr. 11–18, Sa./So. 7–18 Uhr. Das kleine, charmante Hofcafé hat eine ehemalige Scheune bezogen und ist von einem größeren Garten umgeben. Hier werden u. a. Frühstück, Blechkuchen und Torten kredenzt. Außerdem findet man Kunsthandwerk im angeschlossenen Sommeratelier eines Künstlers. Man bestellt drinnen am Tresen und kann seinen Imbiss draußen verzehren. Dort sitzt man sehr nett, wenn man Glück hat sogar im Strandkorb. Außerdem gibt es hier das inseltypische Fettgebäck Kröpel (s. S. 105).

34 Landkirchen ★ [E4]

Als **Verkehrsknotenpunkt** und **zweitgrößter Ort Fehmarns** zählt Landkirchen zu den herausragenden Ortschaften der Insel. In den Außenbezirken präsentiert sich Landkirchen ein wenig städtisch, fast wie ein Vorort von Burg, mit vielen modernen Einzelhäusern.

Im Kern dominiert die St.-Petri-Kirche 35, die umliegenden, teils **kopfsteingepflasterten Straßen** verströmen ein wenig historischen Charme. Allzu viel darf man aber auch nicht erwarten, denn eine der stark befahrenen Verkehrsadern der Insel führt direkt an der Kirche vorbei. Immerhin kreuzen sich hier zwei wichtige Inselstraßen, die in Ost-West- und Nord-Süd-Richtung verlaufen. Durch die Schnellstraße vom Festland nach Puttgarden 19 gab es etwas Entlastung, aber es herrscht weiterhin viel Verkehr.

Landkirchen gilt als eine der wenigen Ortschaften, die 1230 noch nicht im Erdbuch von König Waldemar II. erfasst war; eine erste **urkundliche Erwähnung** datiert auf 1335. Historisch betrachtet dürfte die Ortsgründung mit dem Bau der St.-Petri-Kirche zusammenfallen; die allererste frühe Siedlung wird wohl sehr klein gewesen sein. Im Umfeld der Kirche siedelten sich schon früh landlose Handwerker an, die in den umliegenden Dörfern ihre Dienste anboten.

35 St.-Petri-Kirche ★★ [E4]

Der älteste Teil der Kirche wurde wahrscheinlich um 1230 errichtet, urkundlich belegt ist aber erst das Jahr 1385. Geweiht wurde sie dem **Schutzpatron der Insel, Petrus,** dessen Bildnis über dem Haupteingang im Siegel der Kirchengemeinde mit der lateinischen Inschrift: „Imbria, Sigillum, Terre“ (Siegel der Landschaft Fehmarn) zu finden ist.

Ganz früher stand die Kirche recht einsam auf dem Land und wurde deshalb auch *De Landt Kercke* („Die Landkirche“) genannt, woraus sich schließlich der Ortsname ableitete. Der aus schwarzem Holz erbaute **Glockenturm** steht etwas abseits, er wurde erst 1638 errichtet.

Auffällig ist zudem die Bauweise der Kirche aus **rotem Backstein,** einem durchaus üblichen Material in Ostholstein (auch die halbe Lübecker Innenstadt wurde damit erbaut): Von außen wirkt St. Petri schlicht, mit geraden Linien, überhaupt nicht verschnörkelt oder verspielt. Aber im **Inneren** glänzt eher **barocke Pracht,** ergänzt um einige kostbare Details. Altar, Taufe, Kanzel und insgesamt sieben Epitaphien-Bildnisse sind spätbarocke Kirchenschätze. Der spätbarocke Altar stammt aus dem Jahr 1715, er wurde vom Kämmerer Jacob Mackeprang und seiner Ehefrau gestiftet. Er ist von korinthischen Säulen eingefasst und mit symbolhaften Figuren geschmückt. Die spätbarocke Kanzel von 1727 wurde von einem Bauern gestiftet, sie ist mit Tugendfiguren und Putten reich geschmückt. Oben auf der Kanzel findet sich immer noch eine kleine Sanduhr, die dem Pastor anzeigt, wie viel Zeit er noch für seine Predigt hat.

Die achteckige **Barocktaufe** von 1735, gestiftet von Catharina Mackeprang, ist dem Abendmahlskelch nachempfunden. Auf dem Deckel über dem Taufstein thront ein Engel mit einer Tafel, die auf die Spenderin hinweist. Dort hängen auch zwei **Votivschiffe,** eines aus dem Jahr 1617, eine originalgetreue Nachbildung eines Lübecker Kriegsschiffes. Von allen vor 1650 erstellten Votivschiffen gilt dieses als das schönste, es wurde 1617 von Fehmarner Schiffern gestiftet. Die schöne Orgel stammt aus dem Jahr 1854 – sie ist die **älteste Orgel** der Insel Fehmarn. Die sieben Epitaphien aus dem 17. Jh. sind ebenfalls reich geschmückt und verweisen auf wohlhabende Fehmarner Familien, die der Kirche einen Teil ihres Vermögens stifteten. Die Inschriften auf den Bildnissen sind teilweise auf Plattdeutsch gehalten.

Von historischem Wert ist außerdem der **Landesblock,** eine gewaltige Truhe mit starken Schlössern. Hier wurden Urkunden und Siegel verwahrt, als die Fehmarner Landesversammlung noch Sonderrechte genoss. Die einzige Stadt der Insel, Burg, stand lange Zeit unter **Lübschem Recht** und galt als Außenposten der Hanse, während die „restliche“ Insel unter **dänischem Recht** stand. Und dies wurde von der Landesversamm-

046fm-mux

lung umgesetzt. Der Landesblock konnte nur von den Kirchspielkämmerern der drei Orte Petersdorf (24), Landkirchen (34) und Osterkirchspiel gleichzeitig geöffnet werden.

Etwas erhöht befinden sich sechs prachtvoll gearbeitete Logen, die Mitte des 18. Jh. von reichen Familien gestiftet und auch von diesen genutzt wurden. Als Besonderheit dürfen auch die 60 **Betschemel** aus dem 17. und 18. Jh. gelten, die den Namen der Eigentümer tragen und die links vom Eingang zu finden sind. Die Bankreihe auf der rechten Seite wird von mehreren Lederstühlen in drei Reihen unterbrochen, die für Mitglieder der Mackeprang-Wittschen Vetternschaft reserviert sind, deren Wappen in die Rückenlehne eingearbeitet ist. Die Stühle stammen von 1580 und wurden 1913 überarbeitet.

In auffälligem Kontrast zur barocken Pracht stehen die neuen **Kirchenfenster**, die aus dem Jahr 1974 stammen. Sie sind deutlich nüchterner gehalten und zeigen biblische Motive, was besonders bei Sonneneinfall deutlich wird.

› Hauptstr. 32, geöffnet: April–Okt. 10–16 Uhr, im Sommer auch länger

Eine bauliche Besonderheit: der Turm der St.-Petri-Kirche steht neben dem Kirchengebäude

Unterkünfte

› **Biohof Fehmarn Nature Homes** €€ <072> Ostermarkelsdorf 2, www.biohof-fehmarn.de, Tel. 8887758. Urlaub auf einem Biobauernhof mit breitem Angebot für Kinder (Tiere, Spielplätze) und für die Eltern (Yoga, Massagen, Koch-Workshops, Meditation). Die gemütlichen Wohnungen sind komfortabel und umweltgerecht nach Feng-Shui-Prinzipien eingerichtet.

■ **SO2 Designhome Fehmarn** €€€ <073>, Sartjendorf 2, Tel. 01511 7253260, https://designhome-fehmarn.de. Diese Anlage im benachbarten Sartjendorf fällt auf. Schon von außen erkennt man den großen beheizten 18-m-Außenpool, die mächtigen Tonvasen und ahnt den 3-Loch-Golfplatz als kleines Schmankerl im 6000 m² großen Garten. So wie das Außengelände wirkt, sind auch die wenigen Wohnungen eingerichtet: schick und sehr modern. Eine besonders exquisite Art von Ferienwohnungen und Lifestyle.

Meine Tipps

Ausflug zum Gedenkstein Kriegssoll

Der Gedenkstein für die Opfer der **Schlacht zwischen Dänen und Schweden** am 29. Juni 1644 erinnert mit dem schlichten Satz „Ton Gedenken an foln Fehmaraner“ an die Tatsache, dass der **Dreißigjährige Krieg** sogar bis auf diese entlegene Insel vordringen konnte und Tote unter der Inselbevölkerung forderte.

› **Anfahrt:** Von Burg die Straße nach Landkirchen (34) nehmen, etwa 500 m vor dem Ort zweigt rechts ein Pfad ab. Ein kleines blaues Schild, das leicht übersehen werden kann, weist die Richtung. Diesem Pfad etwa 200 m bis zu einem kleinen Teich folgen (Autofahren nicht möglich!).

Hofcafé Bisdorf

Keine 2 km nördlich von Landkirchen (34) liegt die kleine Gemeinde Bisdorf, wo sich das kleine, nette Hofcafé befindet. Angeboten werden hausgemachte Backwaren und Torten, es gibt eine breite Getränkeauswahl, eine Terrasse lädt zum Verweilen ein. Ein idealer Pausenstopp für Radfahrer und Ausflügler.

› **Hofcafé Bisdorf** €, Bisdorf 15, Tel. 864133, www.hofcafe-bisdorf.com, geöffnet: April–Okt. ab 14 Uhr

Essen und Trinken

- **Dat oole Aalhus** €€ <074> Hauptstr. 39 A, Tel. 9199, www.aalhus.de, geöffnet: Frühjahr–Ende Okt. Di.–So. ab 17 Uhr. Das schöne, reetgedeckte Fachwerkhaus im Ortskern, gegenüber der St.-Petri-Kirche gelegen, strahlt ein gemütliches Ambiente aus. Serviert werden Speisen mit Fisch und Fleisch, es gibt auch vegetarische Angebote.
- **Landgasthof Petersen** €€ <075> Hauptstr. 43, Tel. 3262, https://landgasthof-petersen.de, geöffnet: Di.–So. 12–ca. 18, im Sommer bis 21 Uhr. Traditionelles Haus aus dem Jahr 1835, im Friesenstil gehalten, mit einer hübschen Gartenterrasse. Innen gibt es vier Gastbereiche mit liebevollen Namen wie „Strandzauber“ oder „Friesenstube“. Die Küche bewirtet Gäste durchgehend mit Fisch und Fleisch, außerdem gibt es eine breite Auswahl an verschiedenen Teesorten und Kuchen.

Einkaufen

- **Fleischerei Utecht** <076> Hauptstr. 57, Tel. 6709, geöffnet: Mo.–Fr. 7–18, Sa. 7–12.30 Uhr. Hier wird alles noch selbst gemacht, das Fleisch kommt von Bauern in der Nähe oder stammt von Tieren der eigenen Freilandherde.
- **Surfshop Fehmarn** <077> Hauptstr. 44, Tel. 5888, www.surfshopfehmarn.de, geöffnet: Mo.–Sa. 9–18, So. 11–17 Uhr, Nov.–März eingeschränkte Öffnungszeiten. Im Surfshop findet man ein breites Angebot an Surf- und Kite-Utensilien.

Aktiv

- **2-Rad Fehmarn** <078> Kirchblick 4, Tel. 01514 1295931, www.2rad-fehmarn.de, Mo.–Sa. 9.30–13, 17–18 Uhr. Ein größerer Fahrradverleiher.

Neujellingsdorf

Das **Minidorf** zwischen Lemkenhafen (36) und Landkirchen (34) zeigt sich ziemlich ländlich. Neben einigen Bauernhöfen besitzen etliche Häuser zum Teil sehr große Grundstücke. Entlang der Straße, die durchs Dorf führt, stehen hoch gewachsene Bäume.

Neujellingsdorf wartet mit einer Rekordmarke der ganz speziellen Art auf: **Deutschlands kleinstem Flugplatz.** Kaum mehr als eine abgemähte und gewalzte Wiese, verfügt er trotzdem über eine Flugsicherung. Hier starten und landen Maschinen zu **Rundflügen** über die Insel. Der alteingesessene Pilot Klaus Skerra oder seine Kinder fliegen Interessierte mit einer kleinen Cessna über die Insel und präsentieren die Schönheiten Fehmarns aus einem ganz anderen Blickwinkel.

› **Fehmarn Air,** Infos: Tel. 0171 9910931, www.fehmarn-air.de

Unterkunft und Gastronomie

› **Margaretenhof** €€€ <079> Dorfstr. 7, Tel. 3975 (Ferienanlage), Tel. 87670 (Restaurant), www.margaretenhof.com, www.restaurant-margaretenhof.com, Restaurant geöffnet: Mi.–Sa. ab 17.30, So. ab 13 Uhr. Sehr hübsche Ferienhausanlage: Auf einem ehemaligen Bauernhof aus dem Jahr 1810 stehen fünf im nordischen Stil erbaute Doppelhäuser für je 2–7 Personen. Es gibt einen 10.000 m² großen Bauerngarten mit Spielmöglichkeiten, Sitzecken und großem Grillplatz sowie ein Restaurant mit norddeutscher Küche, ergänzt um eine asiatische Note. Unmittelbar an das Grundstück grenzen Feldwege, die zu Spaziergängen einladen.

36 Lemkenhafen ★★ [C5]

Lemkenhafen ist eine Tochtersiedlung des knapp 5 km weiter im Hinterland gelegenen Dorfes Lemkendorf. Lemkenhafen liegt an der großen Bucht auf der westlichen Südseite Fehmarns, an der **Orther Reede** (s. S. 86), die wegen ihres flachen Stehreviers vor allem bei **Wind- und Kitesurfern** beliebt ist. Ganz in der Nähe findet sich auch die Surfwiese Westerbergen (s. S. 88).

Eine erste Erwähnung stammt aus dem Jahr 1329, bereits ein knappes Jahrhundert später erfuhr der kleine Ort durch den Hafen eine frühe wirtschaftliche Hochphase. Von 1462 bis 1510 besaß Lemkenhafen sogar **Lübsches Stadtrecht** dank enger Verflechtungen mit der Hansestadt Lübeck. Schon bald konkurrierte der **Hafen** sogar mit dem von Burg, denn hier wurde deutlich mehr **Getreide** umgeschlagen. Etliche große Kornspeicher standen in und um Lemkenhafen, zum Teil im Besitz von Großbauern, was für deren Wohlstand sprach. Chroniken berichten, dass 1776 etwa 62.000 t Getreide über den Hafen verladen wurden. Lemkenhafen war zu jener Zeit ein wichtiger Handelsplatz; einige Kaufleute, Reeder und Großbauern kamen so zu Wohlstand. Dann aber begann der **Niedergang.** Die Schiffe wurden immer größer, hatten mehr Tiefgang und konnten nicht mehr in die flache Bucht vor Lemkenhafen einlaufen. 1829 betrug der Getreideumschlag nur noch 2200 t, die Bedeutung des Hafens ging deutlich zurück. Heute befindet sich hier ein **Jachthafen** mit etwa 140 Liegeplätzen. Dort kann man noch ein wenig maritimes Flair erspüren.

37 Mühlenmuseum Jachen Flünk ★★ [C5]

In Lemkenhafen 36 stößt man unwillkürlich auf eine inselweit besuchte Sehenswürdigkeit, die **Museumsmühle.** Die Mühle, die nach einem **ehemaligen Besitzer** benannt ist, sieht man schon von Weitem. Ihr Bau im Jahr 1787 durch den Händler Joachim Rahlff fiel in die Zeit, als in Lemkenhafen die meisten Waren

047fm-mux

der ganzen Insel umgeschlagen wurden. Betrieben wurde die Mühle bis 1954; 1961 wurde sie in ein Mühlenmuseum umgewandelt.

Das harte Leben der Landbevölkerung wird anschaulich dargestellt, zum einen mit einer Ausstellung diverser **Arbeitsgeräte**, zum anderen anhand von **Fotos** der Jahrhundertwende, die die damaligen Arbeitsmethoden zeigen. Aber nicht nur die Welt der Müller ist zu bestaunen, sondern das ganze Spektrum **Fehmarner Kultur**, dargestellt anhand des Modells eines Bauernhofes sowie mithilfe historischer Aufnahmen und Portäts bekannter Fehmarner Bürger. Interessanterweise entdeckt man auf den Fotos so manchen Familiennamen von früheren Großbauern, die heute als Vermieter von Ferienwohnungen bekannt sind. In den oberen Etagen sind dann tatsächlich **Mahlsteine** und Kammern für unterschiedliches Getreide zu finden; man ahnt die Mühe, die die Arbeit damals machte. Obacht beim Treppensteigen: Schnell stößt man sich an den tief verlaufenden Querbalken.

› Mühlenweg 45, Tel. 04372 1894, www.museum-fehmarn.de (Menüpunkt „Mühlenmuseum"), geöffnet: Mitte Mai–Ende Okt. tgl. 10–17 Uhr (Einlass bis 16.30 Uhr), Eintritt: Erw. 5,50 €, erm. 2,50 €

Unterkunft

› **Meerblick Apartments** €€ <080>
Am Segelhafen 16–20, Tel. 04372 1815, www.meerblick-lemkenhafen.de. Das Apartmenthaus steht direkt am Jachthafen von Lemkenhafen und bietet modern gestaltete Wohnungen für bis zu 6 Personen mit maximal 3 Zimmern.

Die Segelwindmühle ist Teil des sehenswerten Mühlenmuseums Jachen Flünk 37 *in Lemkenhafen*

Essen und Trinken

- **Aalkate** €€-€€€ <081> Königstr. 22, Tel. 04372 532, www.aalkate.com, geöffnet: im Sommer tgl. 10–21 Uhr, außerhalb der Saison eingeschränkte Öffnungszeiten. Ein historisches Haus mit sehr gemütlicher Einrichtung. Der Räucherfisch kann direkt verzehrt werden und zwar stilecht mit der Hand, dazu gibt es einen anständigen *köm* (Korn). Geschmückt ist das Lokal mit etlichen Fischfanggeräten.
- **Elli's Snackeria** € <082> Gollendorf 90, Tel. 04372 8060555, www.ellissnackeria.de, Mi.–Mo. 12–18 Uhr. Dieses kleine, nette Bistro liegt direkt hinterm Deich auf dem Deichweg zwischen Lemkenhafen und Orth und bietet eine lässige Atmosphäre sowie eine gute Bistroküche. Für die Gerichte werden naturbelassene, nachhaltig angebaute Zutaten verwendet.
- **Kolle's Fischpfanne** €€ <083> Königstr. 5–7, www.kolles-fischpfanne.de, Tel. 04372 991832, geöffnet: tgl. 12–21 Uhr. Das Restaurant bietet hauptsächlich Fischgerichte an, aber auch Fleischiges und andere Leckereien wie Pfannkuchen, Suppen oder vegetarische Speisen.
- **Lütten** € <084> Am Seglerhafen 1002, Tel. 0177 2764698, www.luetten.net, tgl. ab 10 Uhr. Kleines, chilliges Bistro am Ortsausgang Richtung Orth, wo Fischbrötchen, Flammkuchen und Drinks serviert werden, nebst einem tollen Blick aufs Wasser.

Aktiv

- **Surfspot Lemkenhafen** <085> Königstr. 10, Tel. 0176 47071562, http://surfspot-lemkenhafen.de. Yogi, der Betreiber des Surfspots, und seine Mitstreiter haben so einiges im Angebot: eine Surfschule und einen Fahrradverleih. Sie betreiben auch die nahe gelegene Surfwiese in Westerbergen (s. S. 88).

38 Orth ★★★ [B5]

Das idyllische Orth ist eine der ganz wenigen Ortschaften auf Fehmarn, die direkt am Wasser liegen. Dies gibt ihm gleich eine besondere Note, auch wenn Orth aus kaum mehr als zwei Straßen besteht. Unwichtig – was zählt, sind maritimes Flair und ideale Bedingungen für Wassersport.

Orth weist einen kleinen **Hafen** mit Liegeplätzen für kleine und mittlere Segelboote auf. Heute wird der Hafen ausschließlich für Sportboote genutzt, aber im 19. Jh. wurde hier Getreide in Frachtschiffe umgeladen. Zeugen dieser Phase sind die hohen alten **Speicher**, die noch immer in Orth stehen. Aus dem 1881 eingeweihten Hafen pendelte in seiner Blütezeit sogar ein Passagierschiff bis hoch nach Kiel; zwei weitere Schiffe fuhren regelmäßig zum nahen Festland nach Heiligenhafen 41. Von dort ging es weiter zum Bahnhof in Oldenburg in Holstein 42, wo Reisende Bahnanschluss nach Lübeck und Hamburg hatten. Diese Verbindung war also damals ziemlich wichtig. Sie verlor jedoch an Bedeutung, als 1905 die **Fehmarner Inselbahn** bis nach Orth kam und Passagiere etwas bequemer über Großenbrode nach Fehmarn anreisen konnten, da eine Eisenbahnfähre sogar Waggons transportierte. Die Bahnverbindung nach Orth wurde 1956 eingestellt, und die Inselbahn wurde mit Eröffnung der Fehmarnsundbrücke (s. S. 60) im Jahr 1963 immer unwichtiger.

Das alles ist Geschichte; seit den 1980er-Jahren wird der Hafen hauptsächlich touristisch genutzt. Die knapp 200 m lange **Hafenpromenade** erstreckt sich zwischen Hafenbecken und Deich. Selbst wer nicht in See stechen möchte, kann hier eine Prise Hafenromantik schnuppern – bei einem Spaziergang über das Kopfsteinpflaster und beim Bewundern der vielen Schiffe, die im Hafenbecken liegen. Vor allem kann man so richtig schön aufs Wasser gucken, vor allem von den Terrassen der **Lokale**, die hier für Abwechslung sorgen.

Einmal um das Hafenbecken herumgewandert, wird das **Surfrevier** erreicht. Hier üben vorwiegend Anfänger, die Surfschule Windsurfing Fehmarn (s. S. 87) bietet Kurse für Einsteiger und Fortgeschrittene an. Außerdem wird, ein Stückchen auf dem Deich entlang, an der **Orther Reede** (s. S. 86) geschult.

Insgesamt ist es recht beschaulich in Orth, auch wenn täglich viele Ausflügler hierher kommen. Dann

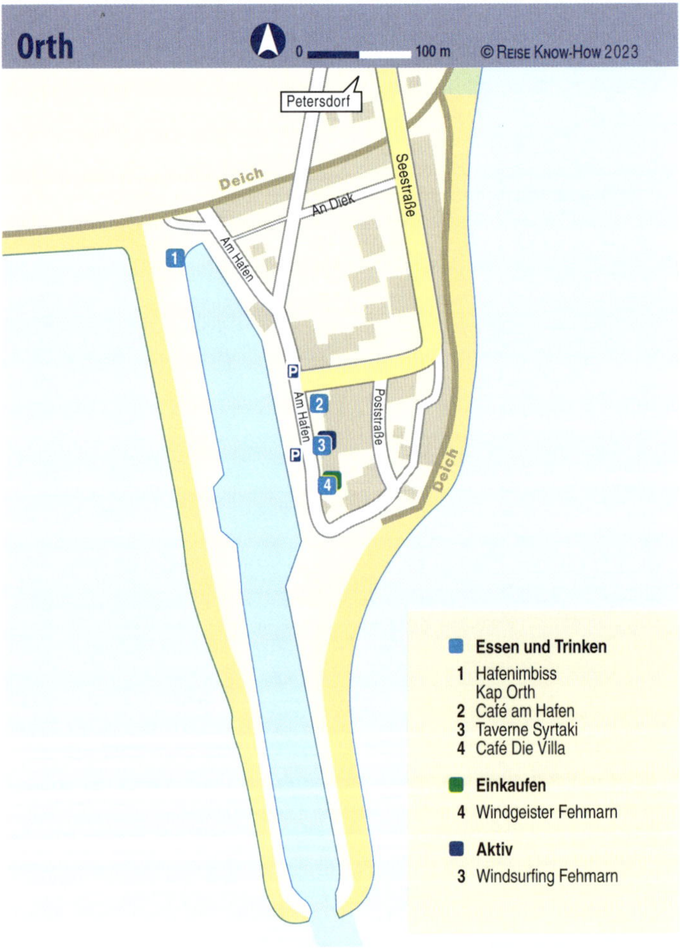

können sich die Parkplätze am Hafen schon mal füllen. Ein Kuriosum ist der **geschnitzte Wegweiser** nach Orth an der Donau, Hawaii und Danzig. Den hat Kuddel geschaffen, genau wie andere hölzerne Schilder, die man etwa im benachbarten Lemkenhafen 36 sieht.

Essen und Trinken

- **Café am Hafen** €€ <086> Am Hafen 2, Tel. 04372 806537, www.cafeamhafen.de, geöffnet: ab April Mi.-Mo. 8-18, im Winter Fr.-So. 12-18 Uhr. Schön gelegenes, kleines Café mit Terrasse. Angeboten werden selbst gebackene Kuchen und Torten, Eisbecher und Quarkspeisen, alles mit Selbstbedienung und Sicht auf den Hafen von Orth.
- **Café Die Villa** € <087> Am Hafen 2-4, Tel. 04372 8067606, Facebook: Café Die Villa, geöffnet: in der Saison Mo.-Fr. 13-22, Sa./So. 11-22 Uhr. Passend zum Namen ist das Café in einer eleganten Villa untergebracht. Es gibt Torten, Waffeln und Heißgetränke. Die entspannte Atmosphäre kann man drinnen wie draußen genießen – im Außenbereich sitzt man unter alten Bäumen und schaut direkt auf den Hafen. Man bestellt drinnen am Tresen und nimmt die Speisen mit raus.
- **Hafenimbiss Kap Orth** € <088> Am Hafensteig, Tel. 0171 7180290, geöffnet: tgl. ab 10 Uhr. Etwas versteckt an der Kopfseite des Hafenbeckens findet sich dieser bunte Hafenimbiss, der mit seinem lässigen Ambiente fast schon ein wenig Kultcharakter hat. Hier gibt es kleine Gerichte wie Fischfrikadellen, Backkartoffeln und leckere Fischbrötchen. Obendrein lockt ein tadelloser Blick auf den Orther Hafen von der gemütlichen Terrasse aus, die mit Strandkörben und Fässern als Tischersatz dekoriert wurde.
- **Taverne Syrtaki** €€ <089> Am Hafen 2 D, Tel. 04372 806870, geöffnet: tgl. 11.30-23 Uhr. Griechisches Lokal mit einer für Orth sehr geräumigen Außenterrasse. Bestellt werden kann ein breites, aber übliches Angebot an typisch griechischen Speisen.

Im Hafen von Orth 30 ist immer etwas los

Flügge

Flügge ist ein winziger Ort, ganz im Südwesten Fehmarns gelegen. Der **Leuchtturm Flügge** 39 lockt als Ausflugsziel und ein ganz besonderer Gedenkstein. Hier nämlich, in dieser Abgeschiedenheit, fand 1970 **Jimi Hendrix' letztes Konzert** statt, bevor er – viel zu jung – wenige Tage später in London verstarb. Zu dem dreitägigen Open-Air-Event waren rund 30.000 Fans auf die Wiese bei Flügge gekommen. Die Veranstaltung endete im Chaos (s. Exkurs „Jimi Hendrix auf Fehmarn" S. 76). Zur Erinnerung an Hendrix und seinen Auftritt auf Fehmarn wurde ein gut 2 m hoher **Gedenkstein** aufgestellt. Zu finden ist er **beim Campingplatz Flügger Strand** (s. unten). Direkt vor dem Campingplatz beginnt ein Deich, der immer parallel zum Strand und zum Campingplatz verläuft. Auf diesem läuft man 900 m entlang, bis das Ende des Campingplatzes erreicht ist. Dort steht der Stein auf halbem Weg zwischen dem Deich und einem Wäldchen.

Seit 1995 fand für viele Jahre am ersten Wochenende im September ein Festival zur Erinnerung an den Auftritt von Jimi Hendrix statt, zu dem zuletzt immerhin 15.000 Zuschauer kamen, aber dieses Erinnerungskonzert wurde aus Naturschutzgründen eingestellt.

Der **Flügger Strand** verläuft ab dem Gedenkstein über etliche Kilometer, er ist relativ schmal und nicht ganz frei von Steinen.

› **Jimi-Hendrix-Gedenkstein** <090>

Unterkunft

› **Camping Flügger Strand** €€ <091>
Flügge 2, Tel. 04372 714, www.fluegger-strand.de, geöffnet: April–Ende Okt. Auf diesem Platz in direkter Ostseelage werden Dauercamper-, aber auch Touristenplätze angeboten. Der Campingplatz erstreckt sich über 1 km am Meer entlang, zum Ende hin wird er dann immer schmaler. Einen Teil des Platzes begrenzt ein kleines Wäldchen. Wer möchte, kann auch einen Wohnwagen mieten oder eines von 18 Holzhäuschen. Ein Spielplatz für Kinder mit Hüpfburg und Animation werden ebenfalls geboten, außerdem gehören ein Minigolfplatz und eine Sauna zum Campinggelände.

Hoch hinaus auf den Leuchtturm Flügge

39 Leuchtturm Flügge ★★ [A5]

Mit dem Bau des weithin sichtbaren Leuchtturms wurde bereits 1870 begonnen, um den **Südwestbereich** der Insel abzudecken. Zwei Jahre später war der achteckige, 16 m hohe Leuchtturm fertiggestellt; damals trug er dunkelrote Streifen auf hellrotem Untergrund. Zusammen mit einem Unterfeuer wies er den Schiffen den Weg in den Fehmarnsund. 1915/16 entstand ein neuer Turm, der mit 37 m mehr als doppelt so hoch aufragte wie der alte. Dieser steht noch heute und ist in der Tat der **höchste Leuchtturm** auf der Ostseeinsel. Seit seiner Restaurierung 2011 präsentiert er sich in dunklem Backsteinrot und trägt eine rote Haube.

Im Gegensatz zu allen anderen Fehmarner Leuchttürmen, die nicht öffentlich zugänglich sind, kann man den Leuchtturm Flügge **von innen besichtigen**, allerdings nur im Sommerhalbjahr. Wer die 162 Stufen nach oben steigt, genießt einen **grandiosen Fernblick.**

Ein **Parkplatz** befindet sich an der Straße. Dort müssen die Autos abgestellt (Parkgebühr 2 €) und die restlichen ca. 1,5 km **zu Fuß** gegangen werden. Es ist aber auch möglich, direkt am Parkplatz **Fahrräder** auszuleihen. Vom Hafen in Orth 38 sind es etwa 2,4 km bis zum Leuchtturm.

› Flügge, www.leuchtturm-fluegge.de, geöffnet: Di.–So. 10–17 Uhr, Eintritt: Erw. 3 €, Kinder (2–15 J.) 1 €

Krummsteert

Im äußersten südwestlichen Zipfel der Insel, unweit des Leuchtturms Flügge 39, wächst über die Orther Reede langsam ein **Nehrungshaken** mit dem bildlich so treffenden plattdeutschen Namen *Krummsteert,* auf Hochdeutsch „schiefer Schwanz“ (s. Exkurs „Plattdüütsch schnacken“ S. 34). Der Krummsteert wächst stetig weiter, „gespeist“ durch Sandablagerungen vom Meeresgrund, die die konstante Meeresströmung südostwärts treibt. Der Meeressand wird somit immer in die gleiche Richtung getrieben und baut langsam den Nehrungshaken auf. Eines fernen Tages könnte dann die Orther Reede eingeschlossen sein, aber bis dahin dürften noch ein paar Jahrhunderte ins Land ziehen.

Krummsteert ist ein **Naturschutzgebiet** und **darf nicht betreten werden.** Die schmalen und fragilen Sanddünen sollen ungestört von menschlicher Neugier wachsen. Zum gleichen Schutzgebiet zählt noch die **Sulsdorfer Wiek,** eine eingedeichte ehemalige Meeresbucht, zwischen Orth 38 und Sulsdorf gelegen. Die urwüchsigen Schilfgürtel bieten ein ungestörtes Brutgebiet für unzählige Vögel, außerdem erstrecken sich hier **Salzwiesen.**

40 Wasservogelreservat Wallnau ★★ [A4]

An der Westseite der Insel entstand 1977 auf einem ehemaligen Gutshof ein Wasservogelreservat und Naturschutzgebiet. Weite Teile der **Wallnauer Niederung** sowie ein 300 m breiter Streifen der Ostsee stehen seitdem unter Naturschutz. Das Areal hat eine Gesamtgröße von 297 ha und besteht aus flachen Teichen, Feuchtwiesen und einem 2 km langen Strand nebst Stranddünen.

Der **Naturschutzbund NABU** hat ein Informationszentrum und einen Lehrpfad angelegt. Besucher können durch das Reservat gehen, dürfen aber natürlich nicht die Wege verlassen. Ein Rundgang beginnt in dem **weißen Informationszentrum**, wo sich der Besucher anhand eines Modells eine erste Orientierung verschaffen kann. Eine **Führung** beginnt hier mit einem kleinen Vortrag.

Dann gehts los in die Natur über einen knapp 1 km langen **Naturlehrpfad.** Es gibt diverse Stationen mit Tast- und Schnupperstellen sowie einen 10 m hohen **Aussichtsturm.** Schon nach 500 m werden die Beobachtungsstellen, die „Verstecke", erreicht. Zur Beobachtung der Vögel wurden vier Sichtschutzwälle errichtet, in die kleine **Hütten mit Beobachtungsschlitzen** eingebaut wurden. Von dort schaut man auf die Teiche, die Lebensräume der Vögel. Die Menschen verbergen sich gewissermaßen vor den Tieren, betrachten diese aus sicherer Distanz. So kommen Mensch und Tier sich gar nicht erst ins Gehege, die Tiere können obendrein in ihrem ursprünglichen, natürlichen Verhalten beobachtet werden. Insgesamt ist nur ein kleiner Teil des Reservats für Besucher freigegeben. Einen guten Überblick über die ganze Anlage gewinnt der Besucher vom Aussichtsturm.

Das ganze Jahr über können hier Vögel beobachtet werden. Rund **80 Vogelarten** brüten im Frühjahr, während im Winter Vögel kommen, die sonst in weiter nördlich gelegenen Gefilden leben. Im Sommer werden die Jungvögel aufgezogen, im Herbst zieht es etliche Vögel in den Süden, während zugleich aus dem Norden Tausende von Enten kommen. Die Vielfalt der Vogelwelt ist derart beachtlich, dass es keine schlechte Idee ist, sich einer geführten Tour anzuschließen, um möglichst viel Gewinn aus seinem Besuch zu ziehen.

Im zugehörigen **Shop** gibt es Literatur zum Thema Natur, Postkarten, Ferngläser und sogar Fleisch von Galloway-Rindern. Ein **Bistro** bietet Getränke und Kuchen sowie einen Mittagstisch (12–14 Uhr) an. Die Küche nutzt ausschließlich Bioprodukte.

› Wallnau 1, Tel. 04372 1002, www.nabu-wallnau.de, April–Oktober fährt der Bürgerbus (s. S. 130) jeden Mo., Mi. und Fr. dreimal tgl. von Burg direkt nach Wallnau, geöffnet: Infozentrum und

Jimi Hendrix auf Fehmarn

In den USA war gerade Woodstock über die Bühne gegangen, dort hatten 400.000 junge Leute ein dreitägiges Fest mit mehreren Dutzend Bands gefeiert. Das können wir auch, dachten sich drei Jungunternehmer aus Kiel, und planten eine Art deutsches Woodstock.

Internationale Stars wie Ten Years After, Canned Heat, Mungo Jerry, Sly and the Family Stone, Taste, aber auch damals erfolgreiche nationale Größen wie Frumpy oder Floh de Cologne wurden engagiert – und als Headliner Jimi Hendrix! Sie alle sollten auf einem Acker vor dem Flügger Strand auf der Insel Fehmarn spielen.

Die drei Organisatoren gingen ans Werk, naiv oder einfach clever, wer weiß. Sie konnten mehrere Bands verpflichten und organisierten auch das Drumherum. Die Presse blieb skeptisch, die Fans jubelten. Sollten sie wirklich alle kommen? Sogar Superstar Jimi Hendrix? Das klang zunächst so unglaublich, dass die Macher sogar die entsprechenden Verträge veröffentlichten.

Vom 4. bis 6. September 1970 fand das Festival schließlich statt, der Wetterbericht hatte einen sonnigen Spätsommer versprochen. Tatsächlich regnete und stürmte es drei Tage lang, trotzdem blieben alle da.

Niemand hatte Erfahrungen mit der Organisation eines Festivals dieser Größe. Die Leute campierten irgendwie; eine riesige, unorganisierte Zeltstadt entstand. Waschräume und Klos, Getränke und Verpflegung gab es zwar, aber von allem zu wenig. Nass geregnete Gäste in klammer Kleidung, und die Musik teils vom Winde verweht – so die äußeren Bedingungen. Jimi Hendrix spielte schließlich am Sonntagmittag, genau 75 Minuten lang, und damit sogar eine Viertelstunde länger als vertraglich vereinbart. Die Kieler Nachrichten schrieben später: „Trotz Regen und Sturm: Jimi kam, und die Fans jubelten".

Hendrix' Auftritt war der erhoffte Höhepunkt, aber kurze Zeit danach ging das Festival komplett den Bach hinunter. Die Organisatoren hatten ausgerechnet eine schlagkräftige Gruppe von Hamburger Rockern als Ordner angeheuert. Die kamen mit mehr Mann als vorgesehen und übernahmen schnell das Kommando. Als die Situation zu eskalieren drohte, konnten einige mit Geld und guten Worten wieder nach Hamburg zurückgeschickt werden. Die verbliebenen Rocker forderten am Sonntag ihren Lohn ein, den gabs aber nicht. Das Gerücht, dass die Organisatoren mit der Kasse verschwunden seien, machte schnell die Runde. Am Abend entlud sich die Wut; die Rocker brannten die Organisationszentrale ab. Damit war das Festival gelaufen.

Der Spiegel schrieb später: „Fehmarn wurde kein deutsches Woodstock …", und „Es war ein Festival der Fehlplanungen, ein Stelldichein unfähiger Organisatoren, brutaler Ordner und einer apathischen Menge …". Die Beteiligten hingegen bekommen noch heute ein Leuchten in den Augen und schwärmen von einer grandiosen, alles überbrückenden Stimmung, einem nie dagewesenen Gemeinschaftsgefühl, entstanden aus dem kollektiven Dem-Wetter-Trotzen und dem Warten auf Jimi Hendrix, der Freude an guter Musik und der Sehnsucht nach „Love and Peace".

Die drei Organisatoren waren am Ende hochverschuldet, der Acker am Flügger Strand erholte sich irgendwann wieder und auf Fehmarn ging das Leben weiter. Tragischerweise verstarb der Protagonist dieses Festivals nur zwölf Tage später in London. So wurde das Fehmarner Festival zu Jimi Hendrix' letztem Auftritt. Zur Erinnerung daran steht auf dem einstigen Festival-Acker vor dem Flügger Strand ein Gedenkstein (s. S. 74).

Außenbereich März–Okt. tgl. 10–17 Uhr, Eintritt: Erw. 8,50 €, Kinder 3,50 €, Mo. Eintritt frei für Kinder, Führungen: März–Oktober 11, 13 und 15 Uhr

Unterkunft

› **Strandcamping Wallnau** €€€€ <092> Wallnau 1, Tel. 04372 456, www.strandcamping.de, geöffnet: April–Ende Okt. Ein großer Platz mit Stellplätzen für Urlauber und Dauercamper, zusätzlich Mietcaravans, nur durch einen Deich vom Strand getrennt. Im Angebot sind viel Sport und Kinderanimation, es gibt eine Wassersport- und Reitschule, ein Kino, Konzerte, einen Fahrradverleih, voll beheizbare Sanitärräume, kostenlose Warmduschen, Strandsauna, Kurangebote und eine Veranstaltungshalle mit eigenen Shows, die Tenne.

Ausflugsziele auf dem Festland

41 Heiligenhafen ★★

Heiligenhafen ist ein kleiner, schmucker Ort auf dem Festland mit einem **reizvollen Hafen** und einem kilometerlangen Sandstrand, von dem man die Fehmarnsundbrücke (s. S. 60) gut sehen kann. Das zeigt, dass der Ort recht nahe bei Fehmarn liegt und sich als Ausflugsziel sogar gut **mit dem Fahrrad** ansteuern lässt.

1259 wurde erstmals eine Siedlung an der Stelle des heutigen Ortes erwähnt; ein halbes Jahrhundert später bekam Heiligenhafen bereits Stadtrechte. 1803 wurde eine **Fährverbindung nach Dänemark** eröffnet. Das war dann auch ausschlaggebend für den Bau eines größeren **Hafens.** Dieser dominiert das Stadtbild bis heute. Eine der größten **Marinas** der ganzen Ostseeküste ist so entstanden, etwas vom eigentlichen Hafen entfernt, aber doch im Stadtbereich. Hier liegen im Sommer Hunderte der teils prächtigen Segeljachten der Freizeitkapitäne, eines schöner als das andere.

Heiligenhafen trägt seit 1974 den **Beinamen „Ostseeheilbad"**, liegt aber streng genommen gar nicht an der Ostsee – oder zumindest nur zur Hälfte. Wie kommt das? Man findet hier ein wunderschönes Beispiel dafür, wie die Kräfte der Natur wirken können, die hier eine **Nehrung**, eine Landzunge, entstehen ließen. Heiligenhafen lag nämlich einst an einer Bucht. Deren Außenkante schob sich aber immer weiter ins Meer, bis eines Tages die Bucht geschlossen und ein Binnensee entstanden war. Die Nehrung schob sich weiter und verläuft heute unweit des Hafens im Meer. Hier auf der Landzunge ist der **schöne Strand** zu finden, kilometerweit verläuft er, immer der Nehrung folgend. Er ist weitgehend frei von Steinen und wird von einem leichten Dünenbewuchs begrenzt. An der breitesten Stelle misst er 50 m, später ist er schmaler. Die Ausläufer der Nehrung sind zum **Vogelschutzgebiet** erklärt worden.

Heiligenhafen hat eine angenehme **Strandpromenade**, die recht langgezogen den Strand begleitet. Dort sind mehrere Spielflächen eingerichtet; vor allem aber entstand eine einzigartige, 400 m lange **Seebrücke.** Ihre Form besteht aus drei sich am Ende überlagernden Streben, im Mittelteil wird sie deshalb sogar zweistöckig. Am Ende dieser Holzbrücke können Badefreudige sogar in die Ostsee steigen, man kann sich aber auch in ergonomisch geformte Liegesitze fläzen und sich genüsslich die Sonne auf den Bauch scheinen lassen. Sehr angenehm!

An der kleinen **Hafenmeile** kommt schnell maritime Stimmung auf. Zumeist dümpeln dort Schiffe, ein paar urige **Kneipen** locken zum Bierchen zwischendurch, mehrere **Geschäfte** bieten allerlei Nautisches an. Hier lässt es sich nett flanieren. Es empfiehlt sich, mal im **Treffpunkt Fischhalle** (s. S. 79) vorbeizuschauen: Dort gibt es frischen Fisch auf den Teller oder zum Außer-Haus-Verkauf.

Der **Stadtkern** von Heiligenhafen besitzt adretten, teilweise altertümlichen Charme. Im Zentrum rund um den Markt sind etliche schöne, alte Häuser in Gassen mit Kopfsteinpflaster zu finden. Einige Gebäude wurden stilvoll renoviert. Die Grundmauern der evangelischen **Kirche** stammen noch aus dem 13. Jh., die Stufenhalle

050fm-mux

wurde im 15. Jh. erbaut, das Chorgestühl und die Standfiguren Adam und Eva gehen zurück auf das 16. Jh. Unterhalb der Kirche befindet sich ein **alter Salzspeicher,** der auf 1587 datiert wird.

Direkt vor dem Rathaus steht ein **Glockenspiel,** das fünfmal am Tag (um 9, 12, 15, 18, 21 Uhr) spielt, übrigens immer eine andere Melodie. Eine Übersicht hängt an der Rathauswand.

› **Anfahrt:** Heiligenhafen kann man von Fehmarn aus sehen. Nach dem Passieren der Fehmarnsundbrücke nutzt man die erste ausgeschilderte Möglichkeit, rechts abzubiegen. Selbst per Fahrrad ist der Ort leicht erreichbar. Auf der rechten Seite der Fehmarnsundbrücke die Insel verlassen und dann der Ausschilderung „Ostseeküsten-Radweg“ folgen. Bus 590 fährt stündlich von Burg (z. B. ab Niendorfer Platz) nach Heiligenhafen.

Tiefenentspannte Urlauber auf der Seebrücke von Heiligenhafen

Essen und Trinken

› **Lütt Hus** €€ <093> Brückstr. 8, Tel. 04362 2381, geöffnet: Mi.–So. 17–21 Uhr. Kleines, gemütliches Lokal in einer Uraltkate mit einer überschaubaren Anzahl an deutschen Gerichten. Gekocht und gebrutzelt wird in einer offenen Küche, die Gäste können dem Koch bei der Zubereitung zuschauen.

› **Treffpunkt Fischhalle** €€ <094> Am Hafen, Tel. 04362 506723, www.treffpunkt-fischhalle.de, geöffnet: Mi.–Mo. 11–20 Uhr. Die Fischhalle findet man am Ende der rechten Hafenmole. Es handelt sich um eine Mischung aus Restaurant und Laden. Serviert wird eine gute Auswahl an Fischgerichten, Gambas und Fischbrötchen, der Laden verkauft u. a. geräucherten Fisch.

42 Oldenburg in Holstein ★

Die Kleinstadt in der Nähe von Heiligenhafen 41 weist eine gut **tausendjährige Geschichte** auf. Und genau daraus resultiert auch eine beinahe einmalige Sehenswürdigkeit. Hier findet man eines der bedeutendsten archäologischen Bodendenkmale Schleswig-Holsteins, eine **slawische Ringwallanlage.** Ihre Erdwälle überragen noch heute die meisten Häuser der Stadt. Diese Wallanlage ist mitten im Ort zu finden, keine hundert Meter vom Marktplatz entfernt.

Gegen Ende des 7. Jahrhunderts wurde von den damaligen slawischen Bewohnern ein **erster Schutzwall** errichtet, später wurde er zu einer großen Burg erweitert. Die Anlage erhielt schließlich einen halbkreisförmigen, vorgelagerten **zweiten Wall**, der allerdings nicht ganz so gut befestigt war wie der erste. War der Feind gar zu übermächtig, gab man kurzerhand den ersten Wall auf und zog sich hinter den zweiten, den eigentlichen Schutzwall zurück. Den konnten die Angreifer meist nicht mehr einnehmen, vielfach waren sie nämlich schon vom Sturm auf den ersten dezimiert.

Aus beiden Wällen entstand schließlich ein einziger großer Schutzwall, dessen leicht elliptische Form noch heute erhalten ist. Im Jahr 1227 stand hier im Inneren die mächtige **Burg** des Grafen von Holstein, allerdings wurde diese bereits 1261 wieder zerstört. Im Laufe der Jahrhunderte verlor die Festung immer mehr an Bedeutung, bis sie regelrecht in Vergessenheit geriet.

Wer einmal um die Anlage herumschlendert, erhält einen anschaulichen Eindruck und kann sich gut vorstellen, dass diese bis zu 18 m hohen Erdwälle schwer zu überwinden waren. Im Inneren ist heute nur eine kleine **Schautafel** zu finden, nebst ein paar Häusern. Diese wurden wohl vor etlichen Jahren in den Wall gebaut, als man dessen Bedeutung noch nicht gebührend zu würdigen wusste. Dies wurde später etwas außerhalb des Stadtkerns nachgeholt, im sehenswerten **Oldenburger Wallmuseum** 43.

› **Anfahrt:** Bus 590 fährt stündlich von Burg (beispielsweise ab Niendorfer Pl.) über Heiligenhafen nach Oldenburg.

43 Oldenburger Wallmuseum ★★

Hier sind **drei große Reetdachhäuser** im Stil ostholsteinischer Bauernhöfe restauriert und zu einem Museum umgebaut worden. Außerdem gibt es noch kleinere Gebäude und einen Freilichtbereich. In einem der Häuser wird die Geschichte des Oldenburger Walls dokumentiert. So erhält der Besucher einen Eindruck vom bäuerlichen Leben in der **Slawenzeit**, aber auch eine Übersicht über die **Entstehungsgeschichte des Walls.**

Anhand von Modellen wird der schrittweise Ausbau erklärt. In einer weiteren Ausstellung werden das Leben und die Arbeitsbedingungen in einer slawischen Siedlung gezeigt. Im Inneren eines der Häuser sind durch menschengroße Puppen realistische **Lebens- und Arbeitsszenen** nachgestellt; der Besucher blickt den Handwerkerpuppen direkt in die Stube.

Im Außenbereich am See wurde eine **slawische Siedlung** nachgebaut mit kleinen Häusern, Handwerkshütten, einer Einsiedelei und einem Nachbau des slawischen Fürstenhofs. Außerdem gibt es einen Bootssteg mit historischen Kanus. Vereinzelt finden Veranstaltungen statt, bei denen die slawische Zeit dargestellt wird.

› Prof.-Struve-Weg 1, Tel. 04361 623142, www.oldenburger-wallmuseum.de, geöffnet: April–Oktober Di.–So. 10–17, Nov.–März geschlossen, Eintritt: Erw. 6,50 €, erm. 3,50 €, Familienkarte 15 €

FEHMARN AKTIV

005fm-mux

Baden

Fehmarn hat **78 km Küstenlinie**, die Insel wird fast durchgehend von Strand umschlossen. Das klingt erst einmal vielversprechend, aber ein klein wenig muss diese Aussage doch relativiert werden. An vielen Stellen zeigt sich der Strand nämlich recht schmal und **„naturbelassen"** – eine feine Umschreibung für die Tatsache, dass er eben so ist, wie die Natur ihn geschaffen hat, das heißt von Steinen durchsetzt.

Der wohl schönste Strand der Insel liegt auf dem Nehrungshaken bei der Inselhauptstadt Burg und wird **Südstrand** 13 genannt. Dort entstanden in den 1960er- und 1970er-Jahren große Ferienwohnungskomplexe, darunter drei Hochhäuser mit 17 Etagen. Am Südstrand findet der Gast auch die **einzige Strandpromenade**, denn auf der ganzen Insel liegen nur **wenige Orte direkt am Meer.** Diese sind Orth 38, Lemkenhafen 36, Puttgarden 19 und Presen – alles kleinere Orte. Wer also auf Fehmarn Urlaub macht und weder auf einem Campingplatz noch in einem der strandnahen Orte wohnt, muss immer ein paar Kilometer fahren, um zum Strand zu gelangen. Das stellt **keine echte Hürde** dar, denn mehr als 2–5 km sind es in der Regel kaum. Das schafft sogar ein ungeübter Radfahrer. Wer unbedingt mit seinem Auto fahren will, wird schnell vor Parkplatzprobleme gestellt.

An einigen Stellen, vor allem in **Osten** Fehmarns, erhebt sich eine **Steilküste:** Dort zeigt sich der Strand von einer ziemlich rauen Seite. Er ist relativ schmal und von Kieseln oder gar größeren Steinen durchsetzt. Zwischen Leuchtturm Marienleuchte 18 und Presen kann man auf dem **Deich** spazieren gehen und weiter bis Klausdorf ist ein Spaziergang vor dem Deich möglich.

An der **Nordküste** weist der Strand dann nicht mehr so viele Steine auf. Er zieht sich durchgängig von Puttgarden bis zum äußersten Nordwestzipfel. Zumeist **feinsandig**, wenn auch **vereinzelt mit Steinen durchsetzt**, misst er in der Breite zwischen 5 und 20 m. Begrenzt wird der Strand von einem kleinen Deich und über

Vorseite: Silo Climbing 10 *im Hafen Burgstaaken* 9

Auf zum Planschen in der Ostsee: hier am Südstrand 13

052fm-hj

My Strandkorb is my castle

Die Sonne brennt vom Himmel, ein laues Lüftchen weht vom Meer, das monotone Brechen der Wellen macht schläfrig, wohlig rekelt sich der Urlauber, die Augen fallen zu. Entspannung! Wie Perlen in einer Kette stehen sie, alle in Blickrichtung zur Sonne gerichtet. Von wem die Rede ist? Von Strandkörben natürlich. Kein Urlaub am Meer ohne Strandkorb. Wer sich keinen mietet, dem entgeht etwas.

Alte Chroniken berichten, dass 1882 ein Korbmachermeister aus Rostock einer rheumageplagten Urlauberin einen Wäschekorb als Sitzgelegenheit zur Strandbenutzung umbaute. Eine Idee war geboren und trat ihren Siegeszug an der Ostseeküste an. Schon ein Jahr später wurden die ersten Körbe vermietet, von der Frau des Korbmachermeisters. Und dann ging es etwa ab der Jahrhundertwende auch bald richtig los. Ein ehemaliger Lehrling des Korbmachers stieg in den 1920er-Jahren zum größten Hersteller von Strandkörben überhaupt auf. Beschleunigt wurde die Entwicklung durch die Gründung von immer mehr Seebädern und gleichzeitig durch immer bessere Bahnanbindungen.

Kuriose Modelle gab es auch: zusammenlegbare Körbe, als Boot nutzbare und sogar drehbare (auf Kugellagern). Das Grundmodell hat sich aber seit den Anfängen kaum verändert. Immer mehr Urlauber finden so sehr Gefallen an den gemütlichen „Zweisitzern", dass sie sich extra einen für den heimischen Garten herstellen lassen. Mehrere Firmen produzieren für den Kurgast, etwa 2000 Euro kostet ein schicker, persönlicher Strandkorb. Warum ist er nun so beliebt? Zeigt er den Rückzug ins Private, selbst am Strand? My Strandkorb is my castle? Vielleicht ist es ja viel profaner, nämlich einfach nur gemütlich! Der Urlauber mietet sich einen Strandkorb, der in 14 Tagen zu „seinem" wird. Ein zweites Zuhause, ein „home away from home".

Aber wie wird ein x-beliebiger zu einem persönlichen Strandkorb? Durch die Nummer! Unübersehbar prangt sie auf der Rückseite und macht jeden Korb unverwechselbar. An praktischen Details wären da noch die außen angebrachten Handschlaufen. Zwei Mann, zwei Ecken und schon wird er etwas gedreht, schön hinein in die Sonne, den Wind (hoffentlich) im Rücken. Dann die Verriegelung kurz ausrasten lassen, das ganze Ding in Rückenlage stellen und jetzt noch das Fußteil ausziehen – hier werden T-Shirt und Sonnencreme verstaut. Danach klappt man ein kleines Brettchen aus und platziert die Getränke. Schließlich hängt man noch das Handtuch über die in Kopfhöhe gespannte Schnur – und endlich kann man sich fallen lassen! My Strandkorb is my castle!

051fm-mux

In den Strandkörben am Südstrand 13 kann man ideal entspannen

weite Strecken von einem Wäldchen. Ziemlich genau in der Mitte liegt das Naturschutzgebiet **Grüner Brink** (s.S.50) – auch dort gibt es eine nicht allzu breite Sandstrandzone vor einem kleinen Wald. Westlich schließt sich direkt der **Gammendorfer Strand** an. Speziell an der Nordwestspitze bei Westermarkelsdorf 23 pfeift der Wind ziemlich heftig – kein Wunder, dass sich hier die Surfer treffen. Beim Baden sollte man hier auf **Strömungen** achten.

Die **Westküste** ist von einem relativ **schmalen Strand** geprägt, der überwiegend **steinig** ist. Der **Bojendorfer Strand**, ein Naturstrand mit hellem Sand und bewachsener Dünenbegrenzung, ist sehr beliebt und bietet eine gute Infrastruktur (Strandkörbe, Parkplatz, WC, DLRG). Weiter südlich schließt sich das Wasservogelreservat Wallnau 40 an, hier dürfen Urlauber die **Strandzonen nicht betreten.** Noch weiter südlich befindet sich zunächst der **Strand von Püttsee,** ein sehr langer Naturstrand mit kleinen Dünen, der kaum besucht ist. Dann folgt der **Flügger Strand.** Dieser ist nicht sehr breit, leicht steinig und wird von einem kleinen Deich begrenzt.

Der **Südwesten** Fehmarns präsentiert sich als ruhiges Gebiet; der Nehrungshaken Krummsteert (s.S.75) schützt gewissermaßen die Küste. Der hier langsam entstehende Binnensee wird **Orther Reede** genannt. Hier findet man z.B. den **Strand von Gold** 32. Der Strand ist durchgängig recht schmal, es gibt einen Deich. Wegen der geringen Wassertiefe ist die Orther Reede bei Wassersportlern und Familien mit Kindern gleichermaßen beliebt. Allerdings teilen sich Badende den Platz hier mit Kite- und Windsurfern.

Der **Südosten** weist ebenfalls eine **schmale Strandzone** auf, diese wird durch den Burger Binnensee unterbrochen. Zwei Nehrungshaken wandern hier aufeinander zu. Beim **Wulfener Hals** liegt nicht nur ein großer und sehr guter Campingplatz (s.S.58), sondern neben dem Binnensee auch ein relativ schmaler Strand, der ebenfalls bei Surfern sehr beliebt ist.

Im Sommer werden der Südstrand, der Strand bei Meeschendorf, der Bojendorfer Strand und der Strand Grüner Brink von **Rettungsschwimmern der DLRG** (Deutsche Lebens-Rettungs-Gesellschaft) bewacht. Bei verschiedenen Anbietern lassen sich **Strandkörbe** mieten, die meisten davon sind am Südstrand ansässig, aber auch an den Stränden Bojendorf und Grüner Brink stehen Strandkörbe zur Verfügung.

Auf der offiziellen Inselwebsite (www.fehmarn.de) findet man auch Informationen zu den **Hundestränden** der Insel.

Wassersport

Tauchen und Schnorcheln

Schnorcheln in Strandnähe kann man natürlich grundsätzlich überall, aber das Meer kann bei Wellengang und ungünstiger Wetterlage etwas bewegter und dadurch unter Wasser nicht so klar sein, da unter Umständen Sedimente aufgewirbelt werden.

Fehmarn ist ebenso ein guter Ort zum **Tauchen.** Viele Tauchorte sind per Auto erreichbar, was den Transport der Ausrüstung erleichtert. **Tauchplätze** liegen beispielsweise im Nordwesten zwischen dem Wasservogelreservat Wallnau 40 und

Deutsche Gesellschaft zur Rettung Schiffbrüchiger (DGzRS)

Diese nichtstaatliche Organisation ist für die Seenotrettung in Deutschland zuständig. Sie finanziert sich ausschließlich durch Spenden und Mitgliedsbeiträge, die Mitarbeiter arbeiten teilweise sogar ehrenamtlich. Noch heute stehen in vielen Lokalen an der Küste markante kleine Sammelbüchsen in Form eines Rettungsbootes auf dem Tresen. Wer hier mal eine Münze (oder auch mehr …) spendet, tut ein gutes Werk.

Was heute so selbstverständlich wirkt, war vor knapp 200 Jahren ein Novum. Wenn früher ein Schiff auf See zu Schaden kam, spülten die Wellen das Wrack und im günstigsten Fall auch die Überlebenden an den Strand. Dort wurde von den jeweiligen Bewohnern in der Regel das Strandgut eingesammelt. Manche nannten das Strandräuberei, andere nannten es Strandrecht. Nur selten fuhr man mit einem Boot bei schlechtem Wetter aufs Meer, um in Not geratenen Seeleuten zu helfen. Das erschien den meisten als viel zu gefährlich. Im frühen 19. Jh. gab es aber doch erste Versuche, in Seenot geratenen Menschen zu helfen. Ein einschneidendes Ereignis dabei war der Untergang des Auswandererschiffes „Johanne“ vor Spiekeroog im Jahr 1854, bei dem 77 Menschen ihr Leben verloren. Die Empörung war groß und steigerte sich noch, als 1860 vor Borkum ein englisches Schiff versank: Neun Menschen starben, weil wieder nicht vom Land aus geholfen werden konnte oder wollte.

Nun entstanden u. a. auf Juist und Langeoog erste lokale Rettungsvereine und am 29. Mai 1865 gründete man in Kiel die DGzRS. Das Vorhaben war löblich, die Ausrüstung aber zunächst noch bescheiden. Die Retter hatten nur ein schweres Ruderboot, das oft von Pferden zum Strand geschleppt werden musste. Zur Sicherheit trugen sie Korkwesten und dann kämpften sie sich bei schlechtem Wetter gegen die hohen Wellen raus zu den Schiffbrüchigen.

Erst 1911 erhielt die DGzRS Motorboote, die ständig weiterentwickelt und den Bedürfnissen angepasst wurden. Beispielsweise sind die heutigen Seenotrettungskreuzer sogenannte Selbstaufrichter, die kentern können und sich selbst wieder aufrichten. Sie haben außerdem ein kleines Tochterboot an Bord, das auch in flacherem Wasser operieren kann. Die Mannschaft bleibt für jeweils 14 Tage an Bord, dann wird gewechselt. Die DGzRS hat in 55 Stationen an Nord- und Ostsee mehrere Seenotkreuzer und Seenotrettungsboote dauerhaft stationiert. Das Rettungsschiff für Fehmarn liegt im alten Fährhafen von Großenbrode; von dort startet die „Bremen“ zu Rettungsfahrten im Fehmarnbelt.

Seenotretter im Einsatz

079fm ©JEFs-Fotogalerie, stock.adobe.com

Westermarkelsdorf㉓ sowie an der Südostseite, etwa bei Klausdorf, Katharinenhof und der Steilküste von Staberhuk⑯. Die Nordküste ist generell eher ungeeignet.

- **Tauchbasis Katharinenhof auf dem Campingplatz Ostsee** (s. S. 40), www.tauchen-fehmarn.de (Menüpunkt „Tauchen" links). Tauchausrüstung und -ausbildung. Angeboten werden Tauchkurse für Anfänger und Fortgeschrittene nach Padi-Regularien.
- **Tauchen Südstrand** <095> Camping Südstrand bei Meeschendorf, Tel. 8859909, www.tauchen-suedstrand.de. Von April bis September werden Schnuppertauchen, Kinderausbildung und Kurse für Anfänger sowie Fortgeschrittene angeboten.

Wind- und Kitesurfen

Unter Wind- und Kitesurfern gilt Fehmarn als ausgesprochen gutes Revier, da hier sowohl **Einsteiger** als auch **Erfahrene** auf ihre Kosten kommen.

Orther Reede

Dieses Revier liegt im **Südwesten** und gilt mit maximal 1,50 m Tiefe als **Stehrevier.** Hier können Anfänger gefahrlos üben und sogar gestandene Surfer entlangsausen. Wer ins Wasser plumpst, wird zumeist hüfthoch im Meer stehen. Die Bucht ist derart geschützt durch einen Nehrungshaken (Naturschutzgebiet, nicht anlanden!), dass sich nur selten Wellen bilden. Bei Westwinden herrschen ideale Bedingungen. **Zugänge** sind in Orth㊳, in Lemkenhafen㊱ und am Strand von Gold㉜ zu finden. Auch vor Strukkamphuk㉙ kann gut gesurft werden – einer der Charchulla-Twins unterhält auf dem dortigen Campingplatz seine Windsurfing- und Segel-Schule (s. S. 88). In Orth parkt man am Hafen und schleppt seine Ausrüstung ein paar hundert Meter um den Segelhafen herum zum Surfplatz. In Lemkenhafen kann das Auto an der Straße direkt am Wasser oder auf einem kleinen Parkplatz abgestellt werden. Gold wiederum wird über eine ziemlich schmale Straße erreicht, die unmittelbar am Deich endet; hier gibt es einen sehr großen, kostenpflichtigen Parkplatz.

Ostküste

Die gesamte Ostseite **eignet sich wenig zum Surfen.** Die Steilküste mit Steinen und Felsbrocken im Wasser ist einfach zu rau.

Nordküste

An der Nordküste kommen vor allem **Könner** auf ihre Kosten. Es gibt eine hohe Brandung und teilweise Steine im Wasser. Surfer können vor allem bei Westwind Brandungssurfen betreiben, der Bereich vor dem Grünen Brink hingegen wird bei Ostwind geschätzt. Da am Grünen Brink eine knapp 2 km lange **Sandbank** parallel zur Küste verläuft, können vor der Sandbank auch nicht ganz so sichere Surfer Erfahrungen sammeln.

Zugänge sind vor allem über Westermarkelsdorf㉓, Grüner Brink, Altenteil und beim Niobe-Denkmal㉑ möglich. In Westermarkelsdorf kann gegen Gebühr direkt hinter dem Deich geparkt werden. Altenteil hat ebenfalls Parkmöglichkeiten; der dortige Campingplatz Belt-Camping-Fehmarn (s. S. 51) liegt direkt am Strand. Bei Niobe muss das Gerät ziemlich weit geschleppt werden, Parkraum gibt es in kleinem Rahmen. Wer möchte, fährt gleich auf den strandnahen Campingplatz (Camping am Niobe, s. S. 51). Der

053fm-jg

Grüne Brink ist ein Naturschutzgebiet (s. S. 50), entsprechend ist die Küste in weiten Bereichen tabu. Zugang besteht beispielsweise am Campingplatz bei Puttgarden 19 oder über die Zufahrt beim Campingplatz Johannisberg (s. S. 49). Dort landet man aber direkt vor dem Naturschutzgebiet und muss sein Surfboard noch etliche Meter weit schleppen, bevor man ans Wasser gelangt.

Burger Binnensee

Der Burger Binnensee liegt an der Südwestseite und gilt ebenfalls als **Stehrevier.** Bei Ostwinden sausen die Könner vom Südstrand 13 hinüber zum Hafen Burgstaaken 9 oder zum Camping und Ferienpark Wulfener Hals (s. S. 58). Damit wären auch schon die drei **Zugänge** benannt. Beim Campingplatz in Wulfen werden perfekte Surfbedingungen geboten: Wohnmobile können gegen Gebühr außerhalb des Campingplatzes stehen, von dort sind es nur ein paar Meter bis zum Wasser. Außerdem bietet die Surfschule Windsurfing Wulfen Kurse an.

Fehmarn gilt unter Wind- und Kitesurfern als beliebtes Revier

Westseite

Im Westen Fehmarns versuchen sich einige Könner am **Flügger Strand.** Auf dem strandnahen Campingplatz (s. S. 74) kann man übernachten. Das Revier ist aber nicht ganz einfach, Steine und Buhnen im Wasser gilt es zu beachten.

Surfschulen

- **KiteBoarding Fehmarn** <096> Gold 1a, Albertsdorf, Tel. 0162 7629723, www.kiteboardingfehmarn.de. Beste Bedingungen für Anfänger bietet das „Hausrevier" vor Gold, da es sehr flach ist.
- **Windsurfing Fehmarn** <097> Am Hafen 2, Orth, www.windsurfing-fehmarn.de, Tel. 04372 1052 Eine Surfschule für Anfänger und Fortgeschrittene, außerdem wird Stand-up-Paddling (SUP) angeboten. Zur Surfschule gehört auch ein Surfshop.

Mein Tipp

Surfwiese Westerbergen

Unweit vom kleinen Ort Lemkenhafen 36 liegt der noch kleinere Ort Westerbergen direkt am Wasser. Dort ist eine **Surfwiese mit direktem Wasserzugang** eingerichtet, wo man kostenpflichtig parken, aber nicht übernachten kann. Um 21 Uhr müssen alle Fahrzeuge den Platz wieder verlassen haben.

› **Surfwiese Westerbergen** <101> www.surfspot-lemkenhafen.de (Menüpunkt „Surfwiese"), ca. April–Okt. tgl. 9–21 Uhr, Tagesticket 5 €

■ **Windsurfing- und Kite-Schule Charchulla** <098> Am Yachthafen 2, Burgtiefe, www.wassersport-charchulla.de, Tel. 3400. Am Burger Binnensee unterrichtet Manfred Charchulla. Hier findet sich auch die legendäre Karibik-Bar (s. S. 31) der Charchulla-Twins.

› **Windsurfing- und Segel-Schule Charchulla auf dem Campingplatz Strukkamphuk** (s. S. 62), Tel. 0160 1789055, www.windsurfingcharchulla.de. Die Station von Jürgen Charchulla, mit Surfschnupperkursen und Schulungen für den Segelschein.

› **Windsurfing Wulfen im Camping- und Ferienpark Wulfener Hals** (s. S. 58), Tel. 5988, www.windsurfing-wulfen.de. Anfänger- und Fortgeschrittenenkurse für Klein und Groß. Geschult wird auf dem Burger Binnensee, wo das Wasser etwa hüfthoch ist.

Surfshops

› **Surfshop Fehmarn** (s. S. 68)

■ **Windgeister Fehmarn** <099> Am Hafen 2, Orth, Tel. 04372 1806, www.windgeister.de

■ **Windsport Fehmarn** <100> Gertrudenthaler Str. 1, Burg, Tel. 87792, www.windsport.de

Segeln

Auf Fehmarn gibt es einen großen Segelhafen am **Südstrand** 13, der offiziell **Yachthafen Burgtiefe** heißt und als Besonderheit einen Rundsteg aufweist. Auch in **Orth** 38 und in **Lemkenhafen** 36 gibt es eine kleine Marina. Da Fehmarn dank seiner Insellage gute Windverhältnisse hat, kann man hier gut segeln und als Einsteiger das Segeln in einer geschützten Bucht (Gold 32) erlernen.

Wandern

Fehmarn ist keine klassische Wanderinsel, hier wird eher Rad gefahren. Die größte Schwierigkeit liegt in der **Erreichbarkeit**, denn zu den wenigsten Orte gelangt man ohne Weiteres mit öffentlichen Verkehrsmitteln. Trotzdem lassen sich schöne Strecken erwandern. Hier sind **zwei Routenvorschläge:** Einmal geht es sehr idyllisch entlang der Steilküste, das andere Mal folgen wir einem Abschnitt des Jakobswegs (s. S. 45), der auch über Fehmarn verläuft.

Wanderung 1: Vom Südstrand zum Leuchtturm von Staberhuk

Ausgangspunkt ist der **Südstrand** 13. Direkt bei der Zufahrt zur Nehrung nimmt man den linken Arm der Zufahrtstraße und geht am linken der drei Hochhäuser vorbei zur Strandpromenade. Dort kann man auch sein Fahrrad abstellen. An der Strandpro-

⊡ *Immer entlang der Küste: Wanderer auf dem Weg nach Staberhuk*

Routenverlauf im Inselplan
Die hier beschriebenen Wanderungen sind mit farbigen Linien im Inselplan eingezeichnet.

menade marschiert man wiederum nach links, Richtung Osten. Linker Hand steht zunächst das Haus Vitamar, rechts begleitet eine **Dünenkette** den Weg, dahinter öffnet sich der Strand. Es gibt immer wieder Durchgänge zum Strand, falls man mal etwas verschnaufen möchte. Relativ rasch endet die Bebauung und wird durch Wiesen und Felder abgelöst.

Nach einem guten Kilometer ändert sich der Untergrund: Ein 654 m langer Bohlenweg aus recycelten Kunststoffen geht anschließend in einen **Naturpfad** über. Je weiter man sich vom Südstrand entfernt, desto ruhiger wird es. Vereinzelt stehen Tische und Bänke in den Dünen und laden zu einer Rast ein.

Nach 2,3 km wird der **Strand von Meeschendorf** erreicht. Dort passiert der Wanderer zwei **Campingplätze** und einen Surfstrandabschnitt. Unmittelbar danach geht es an einer Feriensiedlung vorbei, bestehend aus kleinen Häusern mit Gärten, die fast bis ans Wasser reichen: die Ferienresidenz Staberdorf. Der Strand ist hier mittlerweile recht schmal geworden und ändert seinen Charakter immer mehr: von feinem Sand zu einer eher **rustikalen Steilküste.** Der Wanderweg wird sehr schmal und verläuft oben an der Kliffkante unmittelbar an der Küste entlang, während sich links Getreidefelder abwechseln.

- **Charakter:** generell leicht zu gehende Strecke, die immer unmittelbar entlang der Steilküste verläuft auf einem zunächst breiten, später sehr schmalen Weg
- **Ausgangs- und Endpunkt:** Südstrand (13), da es eine Wendepunktstrecke ist
- **Länge:** 14 km
- **Dauer:** 3–4 Std.
- **Einkehr:** am Start und Ziel ein Strandbistro, unterwegs kann man eine Pause auf einem der Campingplätze bei Meeschendorf einlegen
- **Anfahrt:** per Rad, Auto, Bus 591 oder Taxi bis zum Südstrand

054fm-hj

Wer sich umdreht, hat mittlerweile einen **schönen Fernblick**, der bis zur Fehmarnsundbrücke (s. S. 60) und den drei Hochhäusern vom Südstrand reicht. Eine Bebauung gibt es hier nicht mehr. Die Steilküste steigt leicht an auf zunächst etwa 5 m, später auf etwa 10 m. Unten am Strand liegen nun nur noch Steine, vereinzelt sogar einige Felsbrocken.

Gelegentlich blitzt im Hintergrund ein **weißes Haus** durch die Bäume; man nähert sich dem Ziel der Wanderung. Den Leuchtturm selbst wird man eher nicht sehen, da er recht klein und versteckt hinter der Vegetation liegt. Kurz vor Erreichen des Ziels zeigt sich im Hintergrund das **Gut Staberhof**; hier malte der Expressionist Ernst Ludwig Kirchner (s. S. 38) einst die Scheune mit dem markanten, gewellten Giebel. Dieser Giebel ist sogar aus der Distanz von diesem Wanderweg aus erkennbar.

Nach 7 km ist dann tatsächlich das Leuchtturmwärterhaus erreicht, der **Leuchtturm von Staberhuk** an der **Steilküste** 16 steht etwas im Hintergrund. Der **Zutritt ist nicht möglich,** man kann ihn nur aus der Ferne betrachten. Hier lebte Ernst Ludwig Kirchner drei Sommer lang zwischen 1912 und 1914 und schuf grandiose Bilder, von denen Nachdrucke in der Ernst-Ludwig-Kirchner-Dokumentation 4 in der Burger Stadtbücherei ausgestellt sind.

Der Wanderer geht nun denselben Weg wieder zurück oder lässt sich hier am Leuchtturm abholen.

Der Fehmarner Jakobsweg ist mit der Jakobsmuschel gekennzeichnet

Wanderung 2: Auf dem Jakobsweg von Puttgarden nach Burg

Vom **Bahnhof in Puttgarden** 19 geht es über die Holzbrücke hinüber zum Parkplatz und weiter nach Norden Richtung Meer. Dort am Deichansatz steht eine **Holzskulptur**, die einen wandernden Mönch darstellt. Dieser begrüßt die Pilger auf dem **Jakobsweg** (s. S. 45) und gleichzeitig Radwanderer auf dem Mönchsweg, der quer durch Schleswig-Holstein führt und hier in Puttgarden endet. Nun geht es etwa 300 m nach Westen **entlang des Deichs.** Kurz vor dem Campingplatz biegt man nach links ab und läuft etwa 800 m auf dem **Strandweg.** Dann biegt man nach rechts in die Straße Op de Wie ab, hier ist „Gedenkstätte" ausgeschildert. Die Bebauung endet nach etwa 400 m, danach wandert man auf einer schmalen Asphaltstraße durch die Felder und erreicht nach

- **Charakter:** Der als Jakobsweg gekennzeichnete Weg führt von Puttgarden 19 durch die Natur mitten in die City von Burg. Er ist generell leicht zu gehen, teils sehr gut ausgeschildert mit der gelben Jakobsmuschel auf blauem Untergrund, teilweise jedoch fehlt diese Markierung.
- **Länge:** 15,5 km
- **Dauer:** ca. 3 ½ Stunden
- **Startpunkt:** Bahnhof Puttgarden [G2]
- **Zielpunkt:** St.-Jürgen-Kapelle 8 in Burg [F5]
- **Einkehr:** unterwegs keine Einkehrmöglichkeit, am Ende in einem der vielen Lokale im Zentrum von Burg
- **Anfahrt:** per Bus 590 (ca. stündlich) oder Taxi bis nach Puttgarden Bhf.

ca. 1,5 km die Gedenkstätte der ehemaligen **Peter-und-Paul-Kapelle** 20.

Auf der Asphaltstraße weiter gehend, gelangt man zu einer Querstraße (Krögenweg). Hier wandert man nach links bis zur nächsten Querstraße und dort erneut links bis zum **Campingplatz Johannisberg** (s. S. 49). Genau gegenüber zweigt rechts eine Straße in Richtung Todendorf ab. Es geht weiter durch die Felder, man geht an einem großen **Windrad** auf der linken Seite vorbei. Bei km 5,7 passiert man rechter Hand eine **Kompostieranlage;** dahinter geht es in einer leichten S-Kurve weiter bis zu einer T-Kreuzung, dort biegt man nach links ab.

Nun nähern sich die „Pilger" dem kleinen Ort **Todendorf,** der aber nicht durchquert wird: Direkt nach dem **Ortsschild** geht es nach links auf einen **Feldweg,** der großzügig ums Dorf herum führt. Dieser Weg schwenkt nach 200 m rechts, nach weiteren 50 m links und dann nach 400 m wieder rechts. An dieser Stelle stößt er auf einen weiteren Weg. Schließlich wird nach insgesamt gut 1 km wieder eine **Asphaltstraße** erreicht, und zwar genau vor dem zweiten Ortsschild von Todendorf. So hat man das ganze Dorf einmal umrundet.

An der Straße wendet man sich nun nach links. Nach etwa 200 m schwenkt die Straße etwas nach links, auf der rechten Seite steht eine kleine **Stele** mit dem **Symbol der Jakobsmuschel.** Genau dort beginnt ein weiterer **Feldweg,** dem der Wanderer nun Richtung Süden folgt. Der Weg geht mitten durch das Ackerland und orientiert sich in grober Richtung auf die in der Ferne erstmals erkennbare St. Nikolai Kirche 3 von Burg. Aber zunächst führt er nach einem Linksschwenk nach rund 200 m in Richtung der unüberhörbaren **Hauptstraße** zwischen Puttgarden und dem Festland.

Nach 600 m erreicht man genau diese stark befahrene Straße und läuft ein Stück weit parallel zu dieser, nur getrennt durch eine Gebüschreihe. Nach 800 m erreicht man die **Brücke hinüber nach Bannesdorf.** Diese wird überquert. Auf der ersten Längsstrebe an der linken Seite weist eine Jakobsmuschel mit geöffneten Strahlen Richtung Hauptstraße den Weg. Überquert man die Hauptstraße, gelangt man auf den **Radweg,** der nach rechts **in Richtung Burg** führt. Hier findet man keinen Hinweis, erst in **Niendorf** sind wieder gut erkennbare Wegweiser mit der Jakobsmuschel angebracht.

Diese ca. 2 km lange Strecke (erst K 49, dann Niendorfer Weg) ist leider nicht so idyllisch, da sie auf einem **Radweg entlang der Autostraße** verläuft. Nachdem man das Ortsschild von Burg passiert hat (km 14,2), wandert man geradeaus weiter. Hat man fast den Ortskern erreicht, zweigt nach links der Pilgerweg durch die **Bürgermeister-Lafrenz-Straße** ab.

055fm-hj

Wer genug gewandert ist, geht einfach ca. 500 m weiter geradeaus, wendet sich dann links und erreicht rasch das Stadtzentrum rund um die Breite Straße ❶, wo es mindestens ein gutes Dutzend Lokale zur Stärkung gibt (Auswahl s. S. 30).

Wer hingegen noch nicht genug hat, folgt weiter dem Jakobsweg durch die Bürgermeister-Lafrenz-Straße. Es handelt sich um eine Sackgasse, der man fast bis zum Ende folgt. Zwischen den Hausnummern 23 und 25 biegt man nach rechts in einen **Feldweg** ab, der von zwei mittelgroßen **Feldsteinen** begrenzt wird. Diesem Weg folgt man unter hohen Bäumen, gelangt an einer großen Sportanlage vorbei und quert zwei Straßen. Schließlich wird eine Neubausiedlung erreicht. Es geht weiter geradeaus, dieser Straßenabschnitt heißt **Hubertusweg.** Man biegt rechts in die Sahrensdorfer Straße ab und gleich danach links in die St.-Jürgen-Straße, die zur **St.-Jürgen-Kapelle** ❽ führt. Dort endet unser Pilgerweg.

Über den Kapellenweg (nach rechts) und weiter über die Mathildenstraße (nochmals nach rechts) geht es zur Sahrensdorfer Straße, die nach links wieder ins Zentrum von Burg führt.

056fm-hj

Radfahren

Beinahe **ideale Voraussetzungen** bietet die Insel für Radfahrer. Sie ist **sehr flach** mit nur ganz wenigen Ausnahmen, einige Hügelchen gibt es nämlich schon. Neben den wenigen Hauptstraßen durchziehen die gesamte Insel viele schmale, aber zumeist **asphaltierte Wege.** Die Autofahrer beachten diese in den Karten mit dünnen Linien markierten Straßen zumeist nicht, weshalb Radler hier ruhige, fast einsame Wege vorfinden. Und noch ein weiterer Vorteil für Radfahrer: Zum nächsten Ort sind die Entfernungen immer kurz, mal 2 km, mal 3 km. An beinahe jeder Straßenkreuzung stehen **Hinweisschilder** extra für Radfahrer, die die jeweilige Richtung und (wichtig!) Entfernung anzeigen.

Der einzige wirklich störende Faktor ist der **Wind.** Auf der freien Fläche pustet es meist ganz gewaltig; wer gegen den Wind fährt, kommt gut ins Schwitzen.

Neben mehreren recht kurzen Rundkursen sind auf Fehmarn verschiedene etwas längere **Themenrundtouren** zwischen 31 und 43 km Länge zusammengestellt worden (z. B. „Kirchentour" oder „Häfentour"). Diese Radrouten sind einheitlich mit einem entsprechenden Symbol, z. B. einer Kirche bei der „Kirchentour" und einem Segelboot für die „Häfentour", beschildert und führen Radler über eine definierte Strecke zu wichtigen Orten und Sehenswürdigkeiten. Ergänzend gibt es eine 65 km lange Tour rund um die Insel mit dem passenden Titel „Inselumrundung".

◁ Fehmarns Radwege sind perfekt ausgeschildert

Routenverlauf im Inselplan
Die hier beschriebenen Radtouren sind mit farbigen Linien im Inselplan eingezeichnet.

Unter dem Slogan **Fehmarn-Wege** sind mittlerweile an verschiedenen Stellen der Insel **extrabreite Fahrradwege** angelegt worden, sodass Radler nicht mehr die manchmal recht engen Straßen nutzen müssen. Manchmal verlaufen diese Fahrradwege sogar in absoluter Einsamkeit, wie beispielsweise direkt an der Küste zwischen Staberdorf 15 und Katharinenhof. Von Gold 32 bis zum Flügger Leuchtturm 39 kann man nun direkt an der Küste auf dem Deich radeln.

Hervorgehoben werden sollte an dieser Stelle auch die Bereitschaft der Landwirte, ein Stück ihrer Ländereien für dieses Projekt zur Verfügung zu stellen, was man schon als ziemlich ungewöhnlich bezeichnen darf.

› **Infos:** www.fehmarn-wege.de

Für ein **Leihfahrrad** zahlt man etwa 7–9 € pro Tag, ab einer Mietdauer von einer Woche wird es meist billiger. Viele Verleiher bieten auch **E-Bikes** (ca. 18 € pro Tag) an, die den Vorteil haben, dass man den häufig nicht unerheblichen Fahrtwind kaum noch spürt. Es gibt mehrere Radverleiher, u. a. in Burg (s. S. 27), in Lemkenhafen (s. S. 71) und in Landkirchen (s. S. 68).

Die folgenden **zwei Fahrradtouren** beginnen beide in Burg, führen zu einem großen Teil direkt an der Küste entlang und enden nach einer Strecke im Hinterland wiederum in Burg. Teils deckt sich die Beschreibung mit den erwähnten Themenrundtouren.

Radtour 1: Von Burg entlang der Küste nach Marienleuchte und zurück

Der **Startpunkt** liegt in Burg bei der **St.-Nikolai-Kirche** 3. Es geht zunächst ortsauswärts über die Sahrensdorfer Straße und wir biegen nach rechts in die **Mathildenstraße** (später Strandallee) ab. Die Straße führt über knapp 2 km zum **Südstrand** 13 und zielgenau auf die drei weithin sichtbaren Hochhäuser zu. Vor dem Parkplatz wendet man sich nach links und erreicht die **Strandpromenade.** Nun kann man auf der Promenade in Richtung Osten immer direkt am Meer entlang radeln. Allerdings teilt man sich den Weg hier mit Fußgängern – es gilt also, vorsichtig zu fahren.

› **Charakter:** Es geht über weite Strecken immer entlang der Küste, sodass man viele schöne Ausblicke genießt und eingeladen wird, am Strand oder im Dünengras zu pausieren. Der Weg zurück führt durchs dörfliche Hinterland. Insgesamt ist die Strecke leicht zu radeln, es sei denn, der Wind bläst stark, was direkt am Meer schon spürbar ist.
› **Länge:** 33 km
› **Dauer:** 3 Std.
› **Startpunkt:** Burg [F5], vor der St.-Nikolai-Kirche 3 auf Höhe des Restaurants Doppeleiche (s. S. 30)
› **Zielpunkt:** Burg [F5], Parkplatz Osterstraße (s. S. 27)
› **Einkehr:** nach der Hälfte im Allee-Café (s. S. 40) in Katharinenhof oder auf dem Campingplatz Klausdorfer Strand (s. S. 42), nach drei Vierteln im Hofcafé Klausdorf (s. S. 42)

057fm-mux

Landschaftlich reizvoll: Radeln mit Blick aufs Wasser

Schließlich passiert man die **zwei Campingplätze** (s. S. 35) von Meeschendorf. Allerdings ist hier der Weg teilweise so schmal, dass man sein Rad schieben muss. Beim zweiten Platz führt der Fahrradweg sogar direkt über das Campinggelände (ausgeschildert). Unmittelbar dahinter schlängelt er sich von der Küste weg **ins Hinterland.** Man umfährt die Feriensiedlung Staberdorf, gelangt auf eine Straße und fährt nach rechts Richtung Staberdorf (15), das nach 7 km erreicht wird. Es geht weiter geradeaus und an einer T-Kreuzung nach rechts – hier ist bereits Staberhuk ausgeschildert.

Nach einem weiteren Kilometer weist ein Schild nach rechts zum **Gut Staberhof** (2 km). Dort steht immer noch die berühmte Scheune mit dem geschwungenen Giebel, die **Ernst Ludwig Kirchner** (s. S. 38) vor über 100 Jahren malte. Unser Weg führt jedoch geradeaus weiter. An der folgenden Abzweigung könnte man nach rechts zum Leuchtturm von Staberhuk an der dortigen Steilküste (16) abbiegen, wo Kirchner drei Sommer lang lebte und malte. Hier geht es aber ebenfalls geradeaus weiter, bis zur kleinen Bundeswehrstation. Direkt vor diesem Gebäude wendet man sich nach links; hier ist u. a. Klausdorf ausgeschildert. Nun folgt ein sehr schöner und einsamer Radweg, der immer unmittelbar an der **Steilküste** entlang nach Norden führt und tolle Ausblicke eröffnet. Vereinzelt stehen an markanten Stellen große, ergonomisch geformte und **drehbare Sitze.**

Bei km 13 verlässt man die Küste und radelt nach links in Richtung **Katharinenhof.** An der Querstraße angekommen, geht es dann rechts weiter.

Wer hingegen links abbiegt, erreicht nach insgesamt etwa 1 km das charmante **Allee-Café** (s. S. 40) – hier kann man wunderbar rasten.

Unser Weg führt aber an der Querstraße nach rechts weiter. Man fährt an einem Campingplatz vorbei und erreicht unmittelbar danach erneut die **Küste.** Dort radelt man weiter in Richtung Klausdorf. Bei km 15 führt der Weg wieder direkt über das Gelände des **Campingplatzes Klausdorfer Strand** (s. S. 42). Zur Steilküste zurück gelangt man unmittelbar nach der Campingplatz-Schranke, wo es nach rechts weiter geht. Erneut genießen Radler einen sehr schönen Blick auf die Steilkuste. Nun radelt man ganz entspannt in nördliche Richtung auf den im Hintergrund schon erkennbaren Leuchtturm Marienleuchte 18 zu.

Nachdem man enige Windräder und einen kleinen **Parkplatz** passiert hat, ändert sich der Untergrund: Zunächst führt er weiter über Schotter, später über einen leicht geschrägten **Asphaltdeich** entlang der Küste, bis man die Siedlung Marienleuchte erreicht. Nun muss man etwas aufpassen, denn der ausgeschilderte Weg verlässt die Küste und führt zwischen den Häusern hindurch. Er beschreibt eine Rechtskurve, man erreicht ein Bundeswehrgelände. Nach links führt der ausgeschilderte Marienleuchter Weg in **Richtung Puttgarden** 19. Rechts im Hintergrund ist der Fährhafen erkennbar. Als Nächstes erreicht man das Bahngelände von Puttgarden. Hier biegt man nach links ab. Nach wenigen hundert Metern geht es erneut links in Richtung Klausdorf.

Wer sich noch den **Fährhafen** anschauen möchte, fährt stattdessen rechts und folgt der Ausschilderung über 1,5 km bis zum Hafen.

Für alle anderen geht es **zurück zum Deich.** Davor angekommen, wendet man sich nach rechts in Richtung Süden nach Klausdorf. Nun fährt man tatsächlich ein Stück am Deich entlang, aber auf der anderen Seite als beim Hinweg. Wir erreichen den kleinen **Parkplatz,** den wir auch schon auf der Hinfahrt gequert haben. Hier biegt man nun aber rechts ab und fährt auf einem schönen Abschnitt **hügelabwärts.**

Der Weg beschreibt eine leichte Linkskurve. Hier zweigt rechts eine Straße ab, aber wir fahren weiter geradeaus. An der nächsten Kreuzung vor der großen Infotafel beim Windpark biegt man dann rechts ab und erreicht alsbald **Klausdorf.** An der T-Kreuzung fährt man wieder nach rechts und dann an der **Dreieckskreuzung** nach links in Richtung Gahlendorf.

Nach rechts hingegen ist Burg für Autofahrer ausgeschildert; in dieser Richtung erreicht man übrigens nach ca. 300 m das **Hofcafé Klausdorf** (s. S. 42), das sich für eine kleine Pause anbietet.

Weiter geht es nach **Gahlendorf,** das an der nächsten T-Kreuzung ausgeschildert ist; hier fährt man nach links. Direkt vor dem Ortsschild von Gahlendorf biegt man rechts ab. Im Hintergrund kann man jetzt schon die markante **St.-Nikolai-Kirche** 3 von Burg erkennen. Die Inselhauptstadt wird beim Schul- und Sportzentrum erreicht, kurz danach führt ein ausgeschilderter Weg nach links ins **Burger Zentrum** bis zum **Parkplatz an der Osterstraße,** dem Endpunkt der Radtour. Von hier erreicht man durch eine der schmalen Stichstraßen die zentrale Breite Straße, wo mehrere Terrassenlokale auf ermattete Radler warten.

Radtour 2: Von Burg entlang der Küste bis Flügge und zurück

Ausgangspunkt ist die **St.-Nikolai-Kirche** 3 in Burg. Zunächst geht es über den Blieschendorfer Weg (später Sundchaussee) ortsauswärts in Richtung **Blieschendorf.** Leider verlaufen die ersten 3 km direkt an der Straße, ohne Radweg. In Blieschendorf biegt man links ab (Ausschilderung: Gestüt Rüder, s. S. 100). Sobald man abgebogen ist, wird es viel ruhiger und angenehmer. Am Ortsausgang geht es erst rechts, dann wieder links. Als Nächstes biegt man rechts ab und erreicht **Avendorf.** Hier wendet man sich an der Querstraße links in die Sundstraat. Die markante Fehmarnsundbrücke (s. S. 60) blitzt im weiteren Tourenverlauf immer mal wieder durch die Bäume hindurch. Ein kurzes Stück geht es auf einem Radweg links der Straße entlang, dann fährt man an einer Kreuzung weiter geradeaus nach **Fehmarnsund** 28. Diese kleine Ortschaft liegt **direkt am Wasser,** einige Häuser bieten eine tolle Aussicht auf die Ostsee. Geradelt wird durch den Ort, bis man eine Werft passiert. Hier wendet man sich nach links und hält immer auf die **Fehmarnsundbrücke** zu. Am Fuße der gewaltigen Brücke fährt man links und unterquert sie. Auf der anderen Seite geht es rechts herum und weiter parallel zur Brückenstraße (nicht an der Küste entlang).

> **Charakter:** Auch diese Tour führt streckenweise unmittelbar an der Küste entlang, teils direkt auf dem Deich. Zuvor wird die Fehmarnsundbrücke unterquert. Die Strecke führt ferner durch die Hafenorte Lemkenhafen 36 und Orth 38, zurück geht es durchs dörfliche Hinterland. Insgesamt ist die Route leicht zu radeln; auf dem Deich ist es etwas schwerer, denn hier muss man sich den etwas unebenen Weg mit Fußgängern teilen. Wenn der Wind stark bläst, gestaltet sich das Radfahren direkt am Meer schwierig.
> **Länge:** 39 km
> **Dauer:** 4 Std.
> **Startpunkt:** Burg [F5], vor der St.-Nikolai-Kirche 3
> **Zielpunkt:** Burg, Landkirchener Weg [F5]
> **Einkehr:** nach einem Drittel im Hof Café Albertsdorf (s. S. 64), nach der Hälfte in den Restaurants von Lemkenhafen (s. S. 71) oder in den Hafenlokalen in Orth (s. S. 73)

An einer Einmündung hält man sich links in Richtung Strukkamp. Vor dem Ort biegt man links ab und erreicht schließlich den **Campingplatz Strukkamphuk** (s. S. 62). An der Campingplatzschranke vorbei fährt man auf den **Deich** zwischen Campingplatz und Meer hinauf, hält sich rechts und radelt oben auf der Deichspitze entlang nach Norden. Der Strand ist schmal und besteht aus einer Wiese; hier treffen sich die Surfer. Schließlich muss der Deich verlassen werden (Ausschilderung). Der Weg führt am **Steingrab bei Gold** 31 vorbei nach Albertsdorf 33.

Kurz vor Albertsdorf könnte man an einer Kreuzung nach links zum **Strand von Gold** 32 abbiegen, wo sich immer viele Surfer aufhalten. Anstatt links abzubiegen, geht es aber an besagter Kreuzung nach rechts. Man erreicht **Albertsdorf,** wo sich der Radler an der ersten Kreuzung nach links wendet und alsbald das **Hof Café Albertsdorf** (s. S. 64) erreicht – Zeit für eine kleine Verschnaufpause.

Am Ortsausgang sind die weiteren Ziele ausgeschildert: Westerbergen und Lemkenhafen 36. Nachdem man Albertsdorf verlassen hat, geht es an den beiden folgenden T-Kreuzungen jeweils nach links. Danach biegt man rechts und wieder links ab. Nun durchradelt man den kleinen Ort Westerbergen, vor der Feriensiedlung geht es nach rechts. Danach fährt man in **Sichtweite zum Meer** am **Ufer** entlang nach **Lemkenhafen.** An der Ortseinfahrt hält man sich links und landet schließlich direkt am Hafen. Auf dem Weg findet der hungrige Radler gleich zwei Restaurants, in denen es sich wunderbar rasten lässt: die **Aalkate** (s.S. 71) und **Kolle's Fischpfanne** (s.S. 71).

Man verlässt den Ort wieder. Rund 500 m fährt man auf einem Radweg entlang der Straße. An dem Punkt, wo die Straße ins Hinterland schwenkt, quert man diese und radelt **auf dem Deich** weiter nach Orth 38. Die Strecke führt entlang der weitgeschwungenen Bucht **Orther Reede,** wo auch Kitesurfer ihr Equipment schleppen und Fußgänger spazieren gehen. Hier eröffnen sich sehr schöne Ausblicke aufs Wasser. Schließlich erreicht man den Ortsrand von Orth. Hier verlässt man den Deich und wendet sich nach links in **Richtung Hafen** mit seinen idyllisch gelegenen Lokalen, zum Beispiel dem **Café Die Villa** (s.S. 73) oder dem **Hafenimbiss Kap Orth** (s.S. 73). Wer noch nicht in Lemkenhafen pausiert hat, kann dies nun hier tun.

Hinter dem Hafenimbiss geht es links **auf den Deich** Richtung Westen. Der **Leuchtturm Flügge** 39 ist bereits im Hintergrund erkennbar. Schließlich verlässt man den Deich, gerade aus ginge es die letzten 500 m auf einer Asphaltstraße bis zum Leuchtturm, der besichtigt werden kann. Wir biegen aber an der Straße rechts ab und gelangen nach Flügge. Man erreicht den Campingplatz Flügger Strand. Hier bietet sich ein kurzer Abstecher zum **Jimi-Hendrix-Gedenkstein** (s.S. 74) an: Der Ausnahmegitarrist gab auf Fehmarn sein letztes Konzert. Um zu dem Gedenkstein zu gelangen, geht oder fährt man nur 900 m auf dem Deich entlang, dann sieht man den Stein schon rechts auf der Wiese stehen.

Nun beginnt der Rückweg. Dazu radelt man in östlicher Richtung über Püttsee nach Sulsdorf, indem man in Püttsee einmal rechts abbiegt; beide Orte sind ausgeschildert. In **Sulsdorf** erreicht man die Hauptstraße, die Orth mit Petersdorf 24 verbindet – hier fährt man nach rechts in die Dorfstraße. Am Lindenhof biegt man links in den Gollendorfer Weg ab. Man durchradelt nun eine Hinterlandstraße und erkennt an den Schirmen der Kitesurfer, wie nah die Küste ist.

In **Gollendorf** kommt man an einer Kreuzung mit fast verwirrend vielen Schildern an, hier radelt man zurück in Richtung **Lemkenhafen.** An einer Kreuzung kurz vor dem Ortsschild „Bellevue" wendet man sich nach rechts; hier gibt es einen **Radweg.** Ein kurzes Stück am Hafen ist man auf dem gleichen Weg wie auf der Hinfahrt unterwegs, nur in entgegengesetzter Richtung. In Lemkenhafen biegt man an der ersten Kreuzung links in den **Mühlenweg** ab.

Es geht durch eine besiedelte Straße, am Mühlenmuseum 37 vorbei und, rechts abbiegend, auf einem rustikalen **Weg mitten durch die Felder.** Der schmale Weg endet vor einer Gärtnerei an einer Asphaltstraße. Hier hält man sich links und

059fm-mux

biegt gleich darauf rechts ab nach **Landkirchen** 34. Man fährt sehr angenehm auf einem Radweg. Landkirchen wird unmittelbar vor der Kirche erreicht, hier biegt man links ab und nach weiteren 200 m rechts in die Meisterstraße **Richtung Burg.**

Die letzten 4 km sind nicht ganz so idyllisch, da es auf einem Radweg entlang der stark befahrenen Hauptstraße geht, aber es ist der direkte Weg zurück. Man erreicht Burg über den **Landkirchener Weg**, der schließlich zur Breiten Straße 1 im Zentrum führt.

⌃ *Reiten ist eine der beliebtesten Aktivitäten auf Fehmarn (s. S. 99)*

⊡ *Mal was anderes: Adventure-Golf in Meeschendorf*

Weitere Aktivitäten

Angeln

Fischereischeine aus anderen Bundesländern werden anerkannt. Wer keinen Schein besitzt, bekommt eine Ausnahmegenehmigung für maximal 40 Tage über das **Bürgerbüro in Burg** (s. Fundbüro im Bürgerbüro S. 126, Tel. 506640).

Hochseeangeltouren werden im Hafen Burgstaaken 9 von verschiedenen Anbietern organisiert (s. S. 25). **Angelzubehör** bekommt man hier:

- **Angel Hus Fehmarn** <102> Mühlenstr. 8, Burg, Tel. 889931, geöffnet: Mo.–Sa. 10–16, So. 11–15 Uhr. Fachgeschäft für Angelsport.
- **Baltic Kölln Fehmarn** <103> Burgstaaken 50, Tel. 3151, www.baltic-koelln.de, geöffnet: Mo.–Sa. 9–18, So. 10–17 Uhr. Der Laden führt eine große Auswahl an Wassersportausrüstungen und Angelzubehör.

Golfen

Der **Golf Club Fehmarn** in Wulfen 26 verfügt über eine 18-Loch-Anlage, wobei Loch 9 sogar der Inselform Fehmarns nachgebildet und ringsum von Wasser umgeben ist.

› **Golf Club Fehmarn** <104> Am Golfplatz, Wulfen, Tel. 6969, www.golfclub-fehmarn.de

Klettern

Beim **Silo Climbing** 10 wartet eine 40 m hohe Silowand mit 16 verschiedenen Routen am Hafen Burgstaaken 9 auf Kletterwillige.

Minigolf

Die beiden Campingplätze Miramar (s. S. 62) und Flügger Strand (s. S. 74) verfügen über **Minigolfanlagen.** Wer es etwas ausgefallener mag, wird bei **Adventure-Golf Fehmarn** fündig – hier spielt man einen Mix aus Minigolf und klassischem Golf. Man schlägt die Bälle nicht so weit wie beim Golf, muss dabei aber, ähnlich wie beim Minigolf, Hindernisse überwinden. Auf einem immerhin 12.000 m^2 großen Spielfeld, mal auf Kunstrasen, mal auf Holz, werden 18 Löcher gespielt. Mal geht es durch ein Heckenlabyrinth, mal einen Deich hinauf, mal übers Wasser auf ein schwimmendes Boot, mal durch ein Wasserrad und einen Tunnel. Am Hafen Burgstaaken 9 bietet die Indoor-Anlage **Funtasia** ebenfalls eine Variante des Adventure-Golf an.

› **Adventure-Golf Fehmarn** <105> am Ortsausgang Meeschendorf, Richtung Staberhuk, Tel. 8888574, www.adventure-golf-fehmarn.de, geöffnet: Juli–Mitte Sept. tgl. 9–21, in der Nebensaison Di.–So. 10–18.30 Uhr

■ **Funtasia Adventure Minigolf** <106> Hafenstr. 69, Burgstaaken, Tel. 4277950, www.funtasia-golf.de, geöffnet: Mitte Mai–Ende Sept. tgl. 11–20, gelegentlich bis 23 Uhr

› **Soccer-Golf** (s. S. 126)

Reiten

Wer auf Fehmarn reiten möchte oder Reitunterricht nehmen will, der findet auf der Website http://urlaub.reiten-auf-fehmarn.de eine Übersicht zu den Anbietern. Besonders empfehlens-

058fm-hj

werte **Ponyhöfe und Reitställe** auf Fehmarn sind z. B.:

- **Ferienhof Familie Ogriseck** <107> Rosenstr. 14, Bannesdorf, Tel. 879269, www.ogriseck-fehmarn.de. Reitunterricht auf Ponys vor allem für Kinder, die hier u. a. den „Pony-Führerschein" machen können.
- **Ferienhof Familie Rauert** <108> Dorfstr. 20, Klausdorf, Tel. 4366, www.mein-fehmarn-urlaub.de (Menüpunkt „Reiten"). Reitunterricht für Einsteiger, Fortgeschrittene und für Kinder, auch Strandausritte werden angeboten.
- **Gestüt Rüder** <109> Dorfstr. 5, Blieschendorf, Tel. 3206, www.gestuet-rueder.de. Der große Reiterhof bietet Strandausritte und Reitstunden für Einsteiger und Fortgeschrittene sowie Ponyführen für Kinder.
- **Reiterhof Rickert** <110> Gahlendorf 1, Gahlendorf, www.rickert-fehmarn.de, Tel. 2294. Reitunterricht für Einsteiger und Fortgeschrittene, u. a. mit Bahnstunden, Springstunden, Ponyführen und organisierten Ausritten.
- **Reiterhof Witt** <111> In de Löt 2, Wulfen, Tel. 889231, www.kueselhof.de. Reitstunden für Einsteiger und Fortgeschrittene, mit Abnahme des Reitzeichens, auch Ponyführen und Ausritte zum Strand sind möglich.

Rundflüge

Rundflüge werden von **Deutschlands kleinstem Flugplatz** in **Neujellingsdorf** (s. S. 69) unternommen. In der kleinen Cessna ist Platz für drei Erwachsene oder für zwei Erwachsene und zwei Kinder.

Tennis

Der **Fehmarnsche Tennisclub Burgtiefe** vermietet seine Plätze am Südstrand 13 auch an Feriengäste.

- **Fehmarnscher Tennisclub Burgtiefe** <112> Tel. 9822, www.fehmarnscher-tennisclub-burgtiefe.de

Wakeboard

In Wulfen gibt es einen **Wakepark** mit drei Bahnen, geeignet für Anfänger, die hier auch Kurse belegen können, sowie für Fortgeschrittene.

- **Wakepark Fehmarn** <113> Wulfener Hals Weg 50, Tel. 8890853, www.wakepark-fehmarn.de

Fehmarn von oben erleben: ein Rundflug vom kleinsten Flugplatz Deutschlands

074fm-hj

FEHMARN ERLEBEN

006fm-mux

Feste und Folklore

Übers Jahr verteilt finden auf Fehmarn eine ganze Reihe an Festen und Feierlichkeiten statt, die meisten in der Inselhauptstadt Burg bzw. am Hafen Burgstaaken 9 und am Südstrand 13. Dazu gehören **hochkarätige Sportevents** für Surfer oder Beachbasketballer sowie **Treffen von Fangruppen,** seien es Harley-Fahrer oder Bulli-(VW-Bus)-Freunde. Auch **klassische Fehmarner Feste** wie das Grabenspringen über die Kopendorfer Au, das Rapsblütenfest in Petersdorf 24 oder das Pferde-Festival zählen zu den Veranstaltungshöhepunkten.

Einen detaillierten **Veranstaltungskalender** findet man auf der Website www.fehmarn.de unter dem Menüpunkt „Aktuelles & Veranstaltungen".

Januar bis April

- **Anbaden am Südstrand** 13 (Anfang Januar): Den Jahresbeginn zelebriert die Landjugend Fehmarn traditionell mit dem Anbaden.
- **Inselkarneval in Burg** (Februar): am Samstag vor Rosenmontag am Markt
- **Grabenspringen über die Kopendorfer Au** (Anfang April): Ein Spektakel, das die Landjugend veranstaltet. Mit einem 4 m langen Stab springt man über den Graben. Das sieht einfacher aus, als es ist – regelmäßig landen Springer im Wasser.
- **Osterfeuer** (März/April) werden traditionell an mehreren Orten auf Fehmarn entzündet.

◁ *Vorseite: Ein Traum in Gelb und Grün – zur Rapsblüte präsentiert sich die Insel Fehmarn mit einer wahren Bilderbuchkulisse*

Mai

- **Surf-Festival am Südstrand:** Saisoneröffnung für Windsurfer und Stand-up-Paddler mit angeschlossener Messe. Infos: www.surffestival.de.
- **Rapsblütenfest in Petersdorf** 24: Steht der Raps in voller Blüte, wird ein dreitägiges Fest gefeiert. Höhepunkt ist die Wahl der Rapskönigin. Der Termin, zumeist im Mai, wird frühzeitig festgelegt, aber leider hält sich die Natur nicht immer daran und blüht gelegentlich auch früher oder später. Man sollte das Datum daher über die Touristeninformation (Tourismus-Service Fehmarn, s. S. 123) bestätigen. Speziell zur Rapsblüte können Pauschalangebote gebucht werden.
- **Burger Kunsttage:** ein buntes Programm von Mai bis Juli mit Autorenlesungen, Kunstausstellungen und klassischen Konzerten im Senator-Thomsen-Haus

Juni

- **Fehmarn-Pferde-Festival in Burg:** großes Treffen der Pferdefreunde mit Dressur- und Springreiten
- **Fischmarkt im Hafen Burgstaaken** 9: Der Markt findet an mehreren Terminen im Jahr statt, zumeist im Juni, September und Oktober, jeweils sonntags ab 11 Uhr. Infos: www.erlebnishafen-burgstaaken.de (Menüpunkt „Veranstaltungen").
- **Somersby. Midsummer Bulli Festival am Südstrand:** Eines der größten Bulli-Treffen Deutschlands und das einzige an der Küste findet am längsten Tag des Jahres mit einem vielfältigen Programm statt. Infos: www.midsummerfestival.de.

Juli

- **Hafenfest am Hafen Burgstaaken:** Das Hafenfest steigt Anfang Juli mit Gucken, Shoppen, Livemusik, Speis und Trank. Infos: www.erlebnishafen-burgstaaken.de.

- **Weinfest in Burg:** Dreitägiges Weinfest mit Livemusik und Verkostungen am Monatsende auf dem zentralen Platz Am Markt.
- **Inselfest in Burg:** mit Straßenkünstlern, vielen Attraktionen auf den Straßen, Kultur und Musik.

August

- **SUP und Wingfoil Festival Südstrand:** Die Könner im Stand-up-Paddling treten zum Wettkampf an, aber auch Anfänger können sich mal ausprobieren, mit anschließender Party.

Vetternschaft und Gildewesen

„Wi fört na Europa" – „Wir fahren nach Europa", so verabschiedeten sich die Fehmarner in früheren Zeiten, wenn sie einmal aufs Festland reisten. Damals konnte man noch nicht bequem die Fehmarnsundbrücke passieren. In dieser in großem Selbstbewusstsein ausgesprochenen Distanziertheit zum Festland spiegelt sich das stolze Wissen um einen besonderen Status. Lange bevor der Tourismus Geld in die Kassen spülte, brachten es die Insulaner zu einem gewissen Wohlstand. Fischfang, Handel und vor allem die Landwirtschaft sorgten dafür.

Im Gegensatz zum nahen Ostholstein verwaltete Fehmarns Bevölkerung sich selbst. Ein altes Landrecht aus dem Jahr 1329 garantierte die Gleichheit aller Bürger. In Ostholstein hingegen gehörten die meisten Ländereien dem Adel; zumeist waren sie vom jeweiligen König für besondere Dienste vergeben worden. Die Bewohner mussten als Tagelöhner oder als mit hohen Abgaben belastete Bauern schuften. Nicht so auf Fehmarn: Einen ausbeutenden Adel hat es hier nie gegeben, die Bauern wirtschafteten in die eigene Tasche. Geschickt wurden die eigenen Ländereien vergrößert; selten kam es vor, dass sie sich durch Erbteilung immer weiter verkleinerten. So manchen Fehmarner trieb es deshalb in die Fremde, in die USA, Kanada oder gar nach Australien.

Zusammengehalten wird bis heute. Dazu gibt es die Vetternschaft. In früheren Jahrhunderten existierten etliche dieser Vereinigungen, heute gibt es nur noch eine, die „Vetternschaft der Mackeprange und Witten". Männliche Mitglieder der Familien Mackeprang oder Witt, die auf Fehmarn geboren sind oder dort ihre Wurzeln haben, können Mitglied werden. Die Vetter helfen sich gegenseitig, ganz wie früher. Einmal im Jahr kommt die Vetternschaft feierlich zusammen, und zwar am Dienstag nach dem zweiten Vollmond im Jahr.

Auch das Gildewesen wird auf Fehmarn seit Jahrhunderten gepflegt. Bei Gilden handelt es sich um Zusammenschlüsse von Berufsgruppen zum Schutz und zur gegenseitigen Hilfe. Beispielsweise sorgten die Gilden für eine feierliche Beerdigung ihrer Mitglieder: Dazu zahlte jedes Mitglied in eine Sterbekasse ein. Der Tote wurde von den feierlich in Schwarz gekleideten Gildemitgliedern zum Friedhof geleitet. Solche reinen Totengilden gibt es auch heute noch. Zu feierlichen Anlässen tragen die Gildemitglieder bis heute ihre Tracht und ziehen in einer Prozession durch die Stadt, je nach Anlass mit Fahnen und Musik oder ohne. Das lässt sich zum Beispiel beim jährlichen Königsschießen beobachten.

Die älteste Gilde Fehmarns ist die Sankt-Nicolai-Gilde Petersdorf von 1399. Ähnlich alt sind die Osewald-Gilde Dänschendorf von 1430 und die Bürger-Compagnie Burg von 1494.

- **Fehmarn Days of American Bikes in Burg:** großes Treffen von Harley-Fahrern
- **Kröpelfest in Petersdorf:** Ende August findet rund um den Dorfteich ein Fest für die Kröpel (s. S. 105) statt, bei dem man die Inselspezialität probieren kann.

September bis Dezember

- **Fehmarn-Marathon** (September): Die Teilnehmer überqueren Straßen sowie Deich- und Feldwege im Osten der Insel. Es sind auch kürzere Strecken als die üblichen 42,195 km möglich. Infos: https://fehmarn-marathon.de.
- **Oldtimertreffen in Burg** (September): Gepflegte historische Autos lassen sich in der Burger Innenstadt bestaunen.
- **Drachenfestival am Südstrand** (Mitte Oktober)
- **Oktoberfest und Herbstmarkt in Burg** (Oktober)
- **Weihnachtsmarkt Fehmarn:** Stimmungsvoller Weihnachtsmarkt von Ende November bis Ende Dezember auf dem festlich geschmückten Marktplatz.

Kröpel, in Zucker gewälzt – eine typische Fehmarner Leckerei

060fm-mux

Fehmarn kulinarisch

Lokale Gerichte

Fehmarn ist im Kern eine ländliche, bäuerlich geprägte Insel geblieben, auf der stets auch Fischer lebten. Die schwere körperliche Arbeit verlangte nach kräftigen Mahlzeiten – deshalb ist die Küche Fehmarns traditionell eher **bodenständig, unspektakulär und deftig.** Sie ist grundsätzlich **holsteinisch** geprägt, ergänzt um viele **Fischgerichte.** Fisch kommt meist in Form von Seezunge, Scholle, Aal, Makrele und Hering auf den Tisch. Besonders erwähnenswert ist der zarte **Matjes,** den man überall an der Küste bekommt. Der Fisch wird gebraten, gedünstet, gekocht oder geräuchert serviert, soweit nichts Neues. Aber was ist **Grüner Aal?** Es bedeutet nichts weiter, als dass der Fisch in Wasser und Wein gekocht wurde. Sehr beliebt sind auch **Fischbrötchen** gegen den schnellen Hunger.

Eine typisch norddeutsche Spezialität, die auch gern auf Fehmarn gegessen wird, ist **Labskaus,** ein traditionelles Seefahreressen. Das leuchtend rote Gericht ist nicht jedermanns Sache, hat aber so manchen Fan. Die Bestandteile sind Pökelfleisch vom Rind oder Schwein, Rote Bete (daher die Farbe) und Kartoffeln. Alles wird durchgedreht beziehungsweise gestampft und mit einem Spiegelei, sauren Gurken und Rollmops garniert. Es schmeckt viel besser, als es aussieht.

Wer im Frühsommer auf die Insel kommt, sollte **Spargel** mit geräuchertem Katenschinken probieren, dazu ein paar Salzkartoffeln – fertig! Im Sommer wird gern **Rote Grütze** angeboten. Der bekannte Nachtisch aus eingekochten Himbeeren, Johannis-

062fm-mux

beeren oder Kirschen wird mit Milch oder Vanillesoße serviert.

Im Herbst, zur Rübenernte, isst man auf Fehmarn mit Vorliebe **Rübenmus.** Man zerkleinert zunächst Steckrüben, lässt sie lange garen, kocht dann Möhren (oder auch Kartoffeln) und zermust schließlich das ganze Gemüse in einem Topf. Dazu werden klein gewürfelter Speck und Kochwurst gereicht.

Grünkohl mit Schweinebacke, Kochwurst und gezuckerten Kartoffeln ist ein weiteres Gericht, das vorwiegend in der kalten Jahreszeit kredenzt wird.

Ganz typisch für Fehmarn sind **Kröpel**, in Fett gebackene Hefeteigkugeln. Sie wurden früher während der Weizenernte hergestellt, um die Erntehelfer auf einfachste Weise satt zu kriegen. Heute verkaufen vereinzelt Cafés die sättigenden, kleinen Dällchen, beispielsweise das Hof Café Albertsdorf (s. S. 64). Ende August werden die kleinen Leckereien in Petersdorf 24 mit einem **Kröpelfest** gefeiert.

Typische Getränke

Auf Fehmarn wird ein **eigenes, regionales Bier** gebraut, das „Knust". Erhältlich ist es in einigen Geschäften und Lokalen, aber auch direkt bei der Brauerei im hauseigenen Shop mit Vor-Ort-Verköstigung.

› **Knust-Braumanufaktur** <114>
Sundstraat 33, Avendorf, Tel. 864605, www.knustbier.de

Wer im Winter die Küste besucht, kommt um einen **heißen Grog** nicht herum. Norddeutsch-trockene Beschreibung: „Rum mut, Water dörv, Zucker kunn" („Rum muss, Wasser darf, Zucker kann"). Damit sind die Bestandteile schon genannt. Ein Grog wärmt herrlich durch nach einem ausgedehnten Spaziergang am winterlichen Strand. Serviert wird er in dünnen, hohen Gläsern, in denen ein Stö-

Labskaus schmeckt besser, als es aussieht

ßel steckt, mit dem man den Zucker zerkleinert und umrührt. Mischt man den Rum nicht mit Wasser, sondern mit Rotwein, entsteht ein **Eisbrecher.**

Und dann gibt es noch so nette Getränke wie **Pharisäer, Tee-Punsch** oder **Tote Tante.** Allen gemein ist, dass sie vermeintlich „nur" aus Tee oder Kaffee bestehen, sich aber in Wirklichkeit immer ein Schuss Rum oder Korn darin versteckt.

Woher hat der Pharisäer wohl seinen Namen? Einst soll ein Pastor, der von der Kanzel immer erbittert gegen den Alkohol wetterte, nach dem Kirchgang noch zum Mittagessen eingeladen worden sein. Die männlichen Gäste tranken Kaffee mit Sahnehäubchen und wurden dabei immer lustiger. Was der gute Pastor erst viel zu spät bemerkte, war, dass sich die plietschen („gewitzten") Bauern immer einen Schuss Rum unter die Sahnehaube gossen. Als ihm endlich ein Licht aufging, rief er aus: „Ihr seid mir ja schöne Pharisäer!" So ist der Name des Getränks entstanden.

Eine „Tote Tante" besteht aus einer halben Tasse süßer Schokolade, in die ein großes Schnapsglas Rum gegossen wird; darauf kommt eine Haube geschlagener Sahne, die mit Schokostreuseln garniert wird.

Arten von Lokalen und Öffnungszeiten

Das **gastronomische Angebot** auf Fehmarn zeigt sich generell ziemlich bodenständig. Die meisten Restaurants und Bistros bieten eine Mischung aus norddeutschen Gerichten und viel Fisch. Kulinarische Experimente sind eher selten. Ein Sterne-Restaurant gibt es auf der ganzen Insel nicht, auch ein rein **vegetarisches Lokal** existiert nicht. Neben den vielen **Restaurants mit deutscher Küche** gibt es vor allem in Burg ein paar italienische und ein griechisches Restaurant, in Orth 38 kann man ebenfalls griechisch essen. Das größte Angebot an Lokalen gibt es in der **Innenstadt von Burg;** auch am **Südstrand** 13 kon-

111fm-hj

zentrieren sich einige Restaurants. In den kleineren Dörfern gibt es kaum Lokale. Außerhalb von Burg findet man gastronomische Betriebe vor allem in **Hafenorten** wie Orth und Lemkenhafen 36. Wo immer es möglich ist, haben die Betreiber eine Terrasse angebaut, die auch oft und gern genutzt wird, selbst wenn es draußen mal etwas kühler ist. Dann helfen Decken und Heizstrahler.

Weiterhin gibt es etliche Lokale, die mit **Selbstbedienung** funktionieren. Man bestellt am Tresen und holt sich dort seine Speisen ab. Kleine Bistros im Hafen servieren zum Beispiel die stets beliebten Fischbrötchen.

Restaurants und Bistros **öffnen** meist **um die Mittagszeit** und sehr viele (nicht alle!) haben zumindest in der Saison durchgehend geöffnet, nehmen also das Tagesgeschäft mit. Das hat für Gäste den unschätzbaren Vorteil, dass sie auch außerhalb starrer Essenszeiten eine warme Mahlzeit bekommen. Spätestens um 17 bzw. 17.30 Uhr öffnen die Restaurants für das Abendessen. Für praktisch alle Lokale gilt, dass sie relativ **früh schließen**, egal ob vorher durchgehend geöffnet war oder ob nach der Mittagszeit eine Pause eingelegt wurde. Gegen 21.30 Uhr heißt es bei sehr vielen bereits: Feierabend. Diese Zeiten dürften Erfahrungswerte sein und sich an den Bedürfnissen der Gäste orientieren, die generell relativ früh essen gehen. Gegen 18 Uhr sind die meisten Restaurants deshalb auch voll, nach 20 Uhr leeren sich in der Regel die Tische.

Entspanntes Genießen auf der Terrasse eines Lokals im Herzen der Inselhauptstadt Burg

Mein Tipp

Lokale mit guter Aussicht

- Das **Café El Sol** (s. S. 31) direkt an der Wasserkante im Hafen Burgstaaken bietet u. a. leckeren Kuchen und einen herrlichen Blick aufs Meer.
- Die **Karibik-Bar Charchulla** (s. S. 31) hat am Südstrand ihr Domizil mit Blick auf den Burger Binnensee.
- Am **Hafen Burgstaaken** 9 besitzen die beiden Lokale **Fischlädchen** und **Lotsenhus** (beide s. S. 31) jeweils eine Terrasse, von der man wunderbar die Schiffe im Hafenbecken beobachten kann.
- Alle Lokale in Orth 38 verfügen über eine Terrasse Richtung Hafen.
- Von der Terrasse des **Restaurant Waldpavillon** (s. S. 40) in Katharinenhof genießen Gäste einen tollen Blick aufs Meer.
- **Sailor's Inn** (s. S. 31) am Südstrand bietet einen Blick auf den Binnensee.
- Das **Lütten** (s. S. 71) in Lemkenhafen hat Tische mit Blick auf das Meer.
- Die **Beltbude** (s. S. 51) am Grünen Brink bietet Aussicht auf den Fehmarnbelt und die vorbeifahrenden Schiffe.

Eine sehr schöne Einrichtung sind **Hofcafés**, die auf ehemaligen oder noch aktiv betriebenen Bauernhöfen untergebracht sind. Zumeist sitzt man dort sehr gemütlich und die hausgemachten Torten und Kuchen sind immer eine Wucht. Nachmittags sind die Hofcafés in der Regel gut besucht – nicht nur hungrige Radler legen hier gern eine Pause ein, beispielsweise im Hof Café Albertsdorf (s. S. 61), im Allee-Café (s. S. 40) in Katharinenhof oder im Hofcafé Klausdorf (s. S. 42).

063fm-mux

Wo was kaufen?

Die meisten Geschäfte gibt es in **Burg.** Am Ortsrand erstreckt sich im Bereich Gertrudenthaler Straße und Landkirchener Weg ein weitläufiges **Industriegebiet,** in dem auch etliche große **Supermärkte** zu finden sind. Hierher kommen sehr viele Urlauber aus allen Inselorten, weil die Auswahl am größten ist, was wiederum zu einem ständig hohen Verkehrsaufkommen führt.

In der **Burger City** hat sich eine Reihe von kleinen, zumeist spezialisierten Geschäften angesiedelt. Diese konzentrieren sich vor allem in der **Breiten Straße** ❶, ferner in den Straßen Bahnhofstraße, Niendorfer Weg und Staakensweg (Richtung Hafen Burgstaaken ❾). Angeboten werden vor allem Mode, aber auch Schmuck, maritime Dekoartikel (z. B. Buddelschiffe s. S. 109), Strandutensilien, Töpferwaren, Bücher und eingeschränkt auch Lebensmittel.

Ortstypische Produkte und Lebensmittel gibt es auf Fehmarn nur wenige. Beispielsweise werden in Burg **selbst hergestellter Honig** (Insel-Imkerei Grimm, s. S. 32) und **handgemachte Seife** (Der Seifenladen, s. S. 32) verkauft. Wer sich für **Bernstein** interessiert, wird z. B. in der Bernsteinhütte (s. S. 31) fündig. Auch einige **Hofläden,** etwa der Hofladen Klausdorf (s. S. 42), bieten ihre eigenen Marmeladen und Lebensmittel an, das allermeiste wird jedoch vom Festland auf die Insel geschafft.

Am gut besuchten **Südstrand** ⓭ sorgt ein kleiner Shop für die Nahversorgung. **Außerhalb von Burg** sieht es mit den Einkaufsmöglichkeiten schon anders aus. Die allermeisten

Schnell ausverkauft: Fehmarner Kartoffeln sind gefragt

kleineren Dörfer besitzen keine Einkaufsgelegenheit, von ganz wenigen Ausnahmen abgesehen. So findet man ab und an mal einen Hofladen. Am Ortsrand von Petersdorf 24 gibt es zwei Supermärkte, im ähnlich großen Landkirchen 34 findet man einen Bäcker, eine Fleischerei und einen Surfshop.

In Burg und in Puttgarden 19 gibt es noch eine weitere, sehr spezielle Art von **Kaufhaus**, in dem vor allem Alkoholika angeboten werden, aber auch Gebäck und Süßigkeiten in Großpackungen. Dieses Angebot zielt auf die skandinavische Kundschaft, für die der Alkohol in Deutschland deutlich billiger ist; für deutsche Kunden fallen die Preise meist gar nicht so günstig aus. Dennoch ist die Angebotsfülle beeindruckend und als Besucher staunt man manchmal nicht schlecht, welche Mengen hier eingekauft werden. Das vielleicht größte Geschäft dieser Art liegt mit dem **Portcenter BorderShop** (s. S. 45) im Hafen von Puttgarden 19. Dort ankert dauerhaft ein Schiff, in dem auf mehrere Etagen ein wahres Einkaufsparadies untergebracht ist – und einen dänischen Hotdog bekommt man auch.

Wie kommt das Schiff in die Buddel?

Ja, das fragt sich so manche „Landratte“, wenn sie zum ersten Mal an der Küste in einem Schaufenster eine dieser hellglasigen Flaschen sieht, in der ein Dreimaster gegen Wind und Wellen stampft. Ganz einfach: Um ein Schiffsmodell wird eine extra mundgeblasene Glasflasche konstruiert! So'n „Tüünkroom“, erzählen die „Kapteins“ jedenfalls nach dem dritten Schluck Rum „ausser Buddel“.

Also, wie nun segelt ein Dreimaster durch den viel zu engen Hals in den Bauch der Buddel? Wird da etwa die Flasche fein säuberlich aufgesägt? Nein, nein, das geht ganz anders: Zunächst werden mittels eingefärbtem Fensterkitt die Wellen geformt. Dies geschieht mit selbst gefertigtem, feinem Handwerksgerät, und zwar wirklich durch den Flaschenhals. Also nix mit Aufsägen! Aber vorher muss das Segelschiff schon „an Land“, also außerhalb der Buddel, fertiggebastelt sein. Nun kommt die eigentliche Kunst: Die Masten werden eingeklappt und mit kunstvollen und feinen Fäden verknüpft. Dann schiebt man das Schiff in die Flasche und bugsiert es in den noch weichen Wellen-Kitt. Das allein erfordert schon höchste Geschicklichkeit, aber nun kommt die Krönung des Ganzen: das Aufrichten der Masten. Mittels der vorher angebrachten Zugfäden werden die Masten jetzt aufgestellt, diese sind nämlich nicht fest auf den Schiffsrumpf gezimmert, sondern befinden sich auf winzigen Drahtbügeln. Dafür muss man geschickt am Faden ziehen, unterstützt durch einen dünnen Haken. Jetzt noch die Zugfäden abschneiden, verleimen und die Segel aus feinstem Papier mit Pinzette festkleben, fertig ist die Erinnerung an den Urlaub am Meer – beinahe jedenfalls.

Die Flasche muss nun noch perfekt austrocknen, bevor ein Korken mit Siegellack sie für immer verschließt, denn „echte“ Feuchtigkeit soll ja nun wirklich nicht auftreten. Und dann kann der Dreimaster endlich auf dem Wohnzimmerschrank mit stolz geblähten Segeln durch die aufgewühlte See stampfen – Schiff ahoi!

Natur erleben

Von Küste zu Küste

Fehmarn ist flach, weist aber auch **einige Hügelchen** auf, was man jedoch erst als Radfahrer so richtig spürt. Vielerorts gibt es eine Steilküste, auch Kliff genannt, vor allem im Osten der Insel (etwa bei Klausdorf), aber vereinzelt auch im Süden. Die Wanderung 1 (s. S. 88) gibt einen guten Eindruck davon. Wo sich eine Steilküste erhebt, ist meist nur ein schmaler, steiniger Strand vorhanden. Es passiert immer wieder, dass das Kliff durch Sickerwasser und durch die Brandung unterspült wird. Langsam, aber sicher wird so das Erdreich unterhöhlt. Und dann bricht eines Tages die überstehende Kliffkante ab.

Im Süden befinden sich zwei beinahe klassische Beispiele eines typischen **Nehrungshakens:** der **Krummsteert** (s. S. 75) bei Flügge und der **Wulfener Hals.** Bei einer Nehrung handelt es sich um einen parallel zum Strand verlaufenden Landstreifen. Dieser entsteht durch Ablagerungen, die von der Strömung an die Küste getrieben werden. Da die Strömungsverhältnisse konstant bleiben, lagern sich immer an der gleichen Stelle Partikel ab, woraus sich im Laufe der Zeit eine Nehrung entwickelt. Passiert dies im größeren Stil, wird die Bucht langsam, aber sicher vom Meer abgeschnitten. Es entsteht ein **Haff.** Ist die Bucht schließlich vollständig vom Meer abgetrennt, ist ein **Strandsee** entstanden. Die Natur hat auf diese Weise eine neue Küstenlinie gezogen. Dies kann man auf Fehmarn im Nordwesten beim Wasservogelreservat Wallnau 40 und im Norden beim Naturschutzgebiet Grüner Brink (s. S. 50) beobachten.

Fehmarn ist mehr oder weniger flach, wurde weiter vorn gesagt, aber zwei natürliche Erhebungen gibt es doch: den **Hinrichsberg** und die **Wulfener Berge.** Nun ja, unter „Berg" versteht man gemeinhin etwas anderes als Hügel, die lediglich etwas über 20 m hoch sind. Geologisch betrachtet, sind die Wulfener Berge eine Besonderheit: Grundmoränenschutt wurde während der letzten Eiszeit von den vorbei wandernden Eismassen oval geschliffen. Dieses Phänomen ist auf der Insel einzigartig.

Vom Ackerbau geprägte Landschaften

Trotz der vielen Touristen, die alljährlich nach Fehmarn kommen, ist die Insel immer noch von der **Landwirtschaft** geprägt. In beinahe jedem Ort gibt es noch Bauernhöfe. Und auch wenn eine ganze Reihe von Fehmarnern ihre alten Scheunen und Ställe zu Ferienwohnungen umgebaut haben, bleibt die Landwirtschaft doch eine wichtige Einnahmequelle. Dafür sind die Böden einfach zu gut und die Bauern konnten seit Jahrhunderten ihre Höfe vergrößern. Im Gegensatz zu vielen anderen Gegenden in Schleswig-Holstein konnte der Adel sich hier nie breitmachen – die Fehmarner Bauern blieben immer Herren ihrer eigenen Scholle. Hauptsächlich angebaut werden Raps, Gerste, Weizen, Kohl und Zuckerrüben. Im Mai, wenn der **Raps** blüht, oder Ende August, wenn der **Weizen** geerntet wird, streift das Auge über riesige hell oder goldgelbe Flächen: eine Farbenpracht sondergleichen.

Naturschutzgebiete

Es gibt insgesamt drei Naturschutzgebiete auf Fehmarn: Grüner Brink, Wasservogelreservat Wallnau und Krummsteert.

Der **Grüne Brink** (s. S. 50), ein 2,5 km langes Feuchtgebiet, liegt im Nordwesten der Insel unweit von Puttgarden 19. Hier können Besucher auf dem Deich spazieren, es gibt mehrere Naturlandschaften mit Pflanzen des Strandes, der Dünen und der Heide. Auch liegt hier ein Strandsee, vor dem friedlich Rinder grasen.

Das **Wasservogelreservat Wallnau** 40 befindet sich im Westen Fehmarns. Das Schutzgebiet für Zugvögel ist 300 ha groß und besteht aus Teichen, Feuchtwiesen, Grün- und Schilflandschaften. Etwa 80 Arten brüten hier, rund 270 Vogelarten nutzen die Zone als Ruhe- und Rastgebiet. Neben einem Infozentrum erwarten Besucher markierte Wege und Beobachtungsstände.

Der **Krummsteert** (s. S. 75) ist eine Nehrungshalbinsel im Südwesten Fehmarns. Er wächst jedes Jahr mehrere Meter durch die Sandablagerungen, die von der Meeresströmung angespült werden. So entstanden fragile Sanddünen und urwüchsige Schilfgürtel, außerdem Salzwiesen, was die Halbinsel zu einem beliebten Rastplatz für Zugvögel macht. Das Gebiet kann nur aus der Ferne, vom Deich aus Richtung Orth 38 kommend, beobachtet werden.

Korn und Windräder: alte und neue Wirtschaftsbereiche vereint

Die Ostsee

Erdgeschichtlich betrachtet, ist die Ostsee ein Säugling, kaum 12.000 Jahre jung und am **Ende der letzten Eiszeit** entstanden. Als durch die allmähliche Erwärmung Nordeuropas die Eismassen langsam schmolzen, sammelte sich das Schmelzwasser in der Baltischen Senke. Der **Baltische Eissee** entstand, ein Süßwassersee, der in etwa die Umrisse der heutigen Ostsee hatte, wenn auch mit Unterschieden; beispielsweise waren Dänemark und Südschweden eine zusammenhängende Landmasse. Ein paar tausend Jahre später, mittlerweile schmolzen die Eismassen immer weiter ab, bekam der Baltische Eissee eine Verbindung zum Meer. Die Folge: Salzwasser floss ein, ein Meer entstand, das Yoldiameer. Das Wasser war jetzt brackig, das heißt Süß- und Salzwasser waren vermischt. Die Eismassen schmolzen derweil weg und, befreit von der Last des Eises, das an bestimmten Stellen 3000 m dick gewesen war, hob sich das Land. Dies bewirkte, dass das Yoldiameer, die spätere Ostsee, wieder zu einem Binnensee wurde – die Verbindung zum Meer wurde gekappt.

065fm-mux

Mittlerweile waren wieder 5000 Jahre vergangen. Das Eis schmolz weiter ab und das Schmelzwasser füllte den Binnensee derart, dass weite Teile des Landes wieder überflutet wurden, und zwar für immer. Dadurch entstand die noch heute existierende Verbindung zur **Nordsee** zwischen Norddänemark und Südschweden. Der **Meeresspiegel** steigt übrigens noch heute, allerdings nur noch einen Millimeter pro Jahr.

In der Ostsee bildet sich allmählich ein **Süßwasserüberschuss**, was auch nicht verwunderlich ist, münden doch annähernd 200 Flüsse hinein. Weiterhin sorgen die ständigen Regenfälle des Nordens für einen Süßwasseranstieg. Ein Austausch mit dem salzhaltigeren Nordseewasser erfolgt nur durch drei relativ enge und vor allem flache Zuflüsse, denn die Ostsee ist nur an drei Stellen mit der Nordsee verbunden, durch den Kleinen Belt, den Großen Belt und den Öresund zwischen Kopenhagen und Malmö.

Hinzu kommt, dass der gesamte **Ostseeboden** aus mehreren riesigen Becken mit hohen Rändern besteht. Diese Ränder werden Schwellen genannt. Genau an der schmalen Verbindung zur Nordsee liegt die **Darßer Schwelle**, ein echtes Hindernis für das Salzwasser der Nordsee. Denn salzhaltiges Wasser ist schwerer als Süßwasser, fließt also nicht an der Oberfläche. Während das salzarme Wasser „oben" relativ problemlos abfließen kann, kommt das schwerere Salzwasser nicht durch.

Und dies ist letztendlich fatal für die Ostsee, sorgt doch das frische Salzwasser normalerweise für die Sauerstoffzufuhr im Tiefenwasser der Ostsee. So langsam wird der Sauerstoff knapp, u. a. auch durch die ständige Einleitung von Schadstoffen aus der Landwirtschaft. Mittlerweile gelten rund 20 % der Böden als tote Zonen, in denen aufgrund des **Sauerstoffmangels** kein Leben möglich ist.

Die Ostsee gilt als **artenarm**, zumindest verglichen mit anderen Ökosystemen. Urlauber können wahrscheinlich mal die **Strandkrabbe** sehen. Sie ist häufig am Strand in Wassernähe unterwegs und sucht nach Nahrung. Bei Gefahr buddelt sie sich schnell ein oder spreizt ihre Scheren. Die blauschwarze Färbung macht eine **Miesmuschel** unverwechselbar, in der salzärmeren Ostsee fällt sie kleiner aus als sonst. Auch diese Schalen lassen sich häufig am Strand finden.

Vögel werden an der Küste nach **echten** und **sekundären Seevögeln** unterschieden. Nur die „echten" holen sich ihre Nahrung ausschließlich aus dem Meer, die sekundären sind dagegen vermehrt an Flüssen oder Binnenseen zu finden. Ein sehr guter Platz für die Vogelbeobachtung ist das Wasservogelreservat Wallnau 40. **Möwen** wird wohl jeder einmal erspähen, sie treiben sich gerne im Küstenbereich herum, nicht selten im Sand pickend am Strand. Silbermöwen, Lachmöwen und Sturmmöwen sind die häufigsten Vertreter. Es sind gar nicht mal so kleine Vögel mit meist weißem Gefieder. Leider füttern gut meinende Touristen die Tiere häufig, woran sich die Möwen rasch gewöhnen – es kommt dann durchaus vor, dass sie sich ziemlich hartnäckig selbst bei Pommes oder Eis bedienen.

Möwen gehören zur Küste, aber bitte nicht füttern!

Steinfischerei

Auf Fehmarn stehen viele Häuser, aber woher nahmen die Menschen früher die Steine für ihren Bau? Einen Steinbruch gibt es auf der Insel nämlich nicht.

Die Antwort: aus der Ostsee! Seit Ende des 18. Jahrhunderts fischten die Fehmarner Steine aus der Ostsee. Und zwar in so großen Mengen, dass sie sogar exportiert wurden. Gefischt, oder wohl besser gesammelt, wurde zunächst in flachen Booten in Küstennähe – was auch nicht ganz so einfach war: Stieg die Sonne höher, blendete sie so sehr, dass man die Steine im Wasser nicht richtig sehen konnte, sondern nur die Reflektion auf der Wasseroberfläche. Das kann jeder heute noch in Ufernähe selbst ausprobieren.

Später fuhr man weiter raus und sammelte die Steine auch aus mehreren Metern Tiefe ein. Dazu kamen Helmtaucher zum Einsatz, die unter Wasser eine große Zange um den Stein legten, um ihn hochzuhieven. Dies war nicht ganz ungefährlich, wenn der Stein abrutschte und zurück ins Wasser fiel, wo der ahnungslose Taucher den nächsten Brocken suchte.

An Land wurden die Steine dann klein geschlagen und kamen beim Hausbau zum Einsatz, aber auch bei der Befestigung von Hafenmolen, wie im Hafen Burgstaaken 9, im dänischen Rødby oder auch in Kiel. Und wer sich jemals über die holprige Kopfsteinpflasterstraße von Burgstaaken nach Burg geärgert hat, dem sei gesagt, dass auch sie aus Ostseesteinen besteht. Jetzt fährt man hier doch gleich mit etwas mehr Respekt entlang, oder?

Windstärken

Beaufort	km/h	Wind und Zustand der See
0	0-1	Still, Windstille, Rauch steigt senkrecht auf, das Meer ist glatt
1	2-5	Leiser Luftzug, leichte Kräuselung der See
2	6-11	Leichte Brise, leichter Wind spürbar
3	12-19	Schwache Brise, vereinzelte Schaumköpfe auf dem Meer, Fahnen stehen im Wind gestreckt
4	20-28	Mäßige Brise, vermehrt Schaumköpfe auf dem Meer
5	29-38	Frische Brise, überall Schaumköpfe auf dem Meer
6	39-49	Starker Wind, große Wellen entstehen, etwas Gischt wird gebildet
7	50-61	Steifer Wind, Wellen türmen sich, weißer Schaum in Windrichtung, ganze Bäume schwanken
8	62-74	Stürmischer Wind, relativ hohe Wellenberge, gegen den Wind zu gehen, fällt schwer
9	75-88	Sturm, hohe Wellenberge entstehen, Dachziegel können herabgeweht werden
10	89-102	Schwerer Sturm, sehr hohe Wellenberge, weißer Schaum auf dem Meer, Bäume können entwurzelt werden
11	103-117	Orkanartiger Sturm, sehr hohe Wellenberge
12	118 +	Orkan, das Meer ist vollständig weiß, die Luft ist mit Gischt durchsetzt

066fm-hj

Von den Anfängen bis zur Gegenwart

Die Dörfer der Insel wurden von **slawischen Einwanderern** oder von Kolonisten, das heißt **Friesen, Holsteinern und Dänen**, gegründet. Die Siedlungen hatten meist einen Teich als Viehtränke („Soll" genannt), heute ist dieser eher ein Löschteich. Meist waren die Dörfer lang gestreckt, oft in Nord-Süd-Ausrichtung, und die durchaus stattlichen Bauernhäuser standen sich parallel gegenüber. Nur ganz wenige Orte wie Orth 38 oder Lemkenhafen 36 entstanden als **Fischersiedlungen** am Wasser.

Fehmarn lag lange Zeit ein wenig abseits der großen geschichtlichen und politischen Strömungen. Wenn **fremde Herrscher** kamen, dann ging es der Bevölkerung meist nicht gut, anderseits blieben sie viele Jahrzehnte unbehelligt und konnten deshalb weitestgehend in Freiheit und mit einem gewissen Stolz leben.

3000 v. Chr.: Erste Spuren einer Besiedlung hat es schon um 3000 v. Chr. gegeben, verschiedene Chronisten sprechen von einer „dichten Besiedelung". Darauf deuten Megalithgräber hin, von denen aber nur wenige die Jahrtausende überdauert haben.

2000 v. Chr.: Nach der letzten Eiszeit schmolzen die Eismassen und das Land hob sich. Fehmarn wurde durch den entstehenden Fehmarnsund eine Insel.

8. Jh.: Slawische Wagrier besiedelten Ostholstein, davon zeugen Reste von Burgen und Wällen, so im ostholsteinischen Oldenburg 42. Noch heute wird die Gegend nach den slawischen Bewohnern benannt: Wagrien. Auf Fehmarn ließen sich auch einige Wagrier nieder. Sie nannten die Insel *Vemorje,* etwa „im Meer". Ein anderer überlieferter Name ist *Fembre.*

11. Jh.: Ein erstes schriftliches Zeugnis über *Fembre* (Fehmarn) stammt von 1076. Adam von Bremen beschrieb die Insel in seiner Kirchenchronik als „von Seeräubern und blutigen Banditen" bewohnt.

12./13. Jh.: Die Christianisierung erreichte Ostholstein. Auf Fehmarn wurden vier Kirchen errichtet: in Burg, Landkirchen 34, Petersdorf 24, Bannesdorf – sie stehen heute noch. Der Ort Burg trug den Namen *to der Borch uppe Vemeren* und unterstand Lübischem Recht. Die restliche Insel wurde vom dänischen König Waldemar II. regiert, sein Statthalter residierte auf der Burg Glambek 14, heute eine Ruine am Südstrand 13. Waldemar II. ließ 1202 erstmal sehr penibel die Bevölkerung der Insel zählen, zwecks Steuererhebung.

15. Jh.: 1420 verwüstete der Dänenkönig Erich der Pommer die Insel derart, dass nur drei Fehmarner überlebt haben sollen. Sie trugen der Legende nach die Namen Rauert, Witte und Mackeprang, die heute noch als Familiennamen existieren. Fehmarn erholte sich nur langsam. Der dänischen Krone ging es so schlecht, dass die Insel bis 1490 an die Stadt Lübeck verpfändet wurde. Die Lübecker befreiten die Insulaner von Steuern und ließen sie beim Neuaufbau gewähren. Seefahrt und Handel hatten einen bescheidenen Wohlstand beschert, als Piraten auftauchten, die sich „Vitalienbrüder" nannten. Sie hausten ein paar Jahre auf der Burg Glambek und verschwanden dann von der Bildfläche.

17. Jh.: Der Dreißigjährige Krieg hatte sogar auf Fehmarn Auswirkungen: Kaiserliche Truppen zerstörten 1627 die Burg

◁ Es briest frisch auf – so haben es die Surfer am liebsten

Glambek. 1644 versuchten die Schweden, die Insel einzunehmen; Fehmarner und Dänen organisierten die Verteidigung. Zwar eroberten die Schweden tatsächlich die Insel, aber kurze Zeit später kam Verstärkung für die Dänen. Dänenkönig Christian IV. persönlich griff in die Schlacht ein, brachte seine Kriegsflotte in Stellung und vertrieb die Schweden. Etwa 75 Fehmarner starben dabei. Steuern und die Folgen des Dreißigjährigen Krieges trugen wieder zur Verarmung bei. Das änderte sich erst im nächsten Jahrhundert.

18. Jh.: In Frieden konnten die Bauern frei wirtschaften, wodurch sie erneut zu Wohlstand kamen. Wichtig war dabei, dass der Adel auf Fehmarn keinen Einfluss hatte. Die Bauern blieben frei und mehrten den Inhalt ihrer Geldtruhen. „Vollbukstid" („Vollbauchzeit") wird diese Periode später genannt.

19. Jh.: Lange Zeit blieb es ruhig, sodass die Fehmarner größere Projekte in Angriff nahmen: 1857 wurde der Hafen Burgstaaken 9 erbaut. Genau um die Jahrhundertwende zählte die Insel schon zehn Fernsprechteilnehmer. In Schleswig-Holstein kämpften Dänen und Preußen um das gesamte nördliche Gebiet. 1864 wurde Schleswig-Holstein Preußen zugeschlagen und gehörte ab 1871 zum Deutschen Reich. Fehmarn wurde weiter von freien Bauern bewohnt und galt als die Kornkammer des Landes.

1945: Nach dem Ende des Zweiten Weltkrieges versuchten die Sowjets, die Insel ihrer Zone zuzuschlagen; ein britischer Unterhändler, Lord Strang of Stonesfield, verhinderte dies nach zähem Widerstand (s. Exkurs „Fehmarn – britisch oder russisch?" S. 118). Jahre später dankten es die Fehmarner dem Lord mit einem Zinnteller.

1963: Die Fehmarnsundbrücke (s. S. 60) wurde feierlich eingeweiht. Seitdem ist die Insel keine „richtige“ Insel mehr. Die Touristenzahlen stiegen.

1974: Burg wurde Ostseeheilbad.

1989: Seit dem Mauerfall 1989 ist Fehmarn nicht mehr die einzige bundesdeutsche Ostseeinsel. Was Kriege, Eroberer und Piraten nicht schafften, das erledigte bei der Tagesschau ein Grafiker: Nach der Vereinigung der beiden deutschen Staaten musste eine neue Wetterkarte gezeichnet werden, dabei vergaß man doch glatt die Insel Fehmarn! Nach heftigsten Protesten tauchte sie wieder auf.

2003: Burg sowie alle Dörfer und Gemeinden schlossen sich in einer Gebietsreform zur Stadt Fehmarn zusammen.

2009: Lange wurde diskutiert, doch nun war ihr Bau beschlossene Sache: eine feste Straßen- und Bahnverbindung zum dänischen Nachbarn (s. Exkurs S. 46).

2010: Die Planer der festen Beltquerung schwenken um und legen sich auf den Bau eines Absenktunnels fest.

Seit 2017: Auf Fehmarn werden mehrere Straßen umbenannt, da die einzelnen Dörfer offiziell unter „Stadt Fehmarn“ zusammengefasst wurden und es nun zu Doppelungen bei Straßennamen kommt.

2021: Am Neujahrstag erfolgte der symbolische erste Spatenstich zum Bau des Absenktunnels der Beltquerung.

2022: Die Bahnverbindung nach Fehmarn wurde vorläufig unterbrochen, da im Zuge des geplanten Fehmarnbelttunnels nach Dänemark nun auch ein Tunnel zum deutschen Festland gebaut werden soll.

Das ist wohl Geschichte: Eine Dampflok schnauft über die 1963 eröffnete Fehmarnsundbrücke

067fm-hj

Fehmarn – britisch oder russisch?

Schon zwei Jahre vor der Kapitulation der Deutschen Wehrmacht begannen die Alliierten darüber zu beraten, was aus einem besiegten Deutschland werden solle. Militarismus und Nazismus sollten zerstört werden, beschlossen Churchill, Roosevelt und Stalin auf der Konferenz von Jalta im Februar 1945. Die Details wurden bereits seit Januar 1944 von einer Kommission der drei Mächte beraten, der European Advisory Commission. Ihr gehörte auch ein gewisser **Lord Strang of Stonesfield** an. Die Kommission entwickelte Pläne für die Verwaltung und Entmilitarisierung Deutschlands, die später auf Jalta beschlossen wurden.

Schon damals wurde vorgeschlagen, das Deutsche Reich in drei Besatzungszonen aufzuteilen. Den Sowjets wurde der östliche Teil überlassen. Bei der Einteilung orientierte man sich vorwiegend an den Grenzen zwischen den Provinzen, die ungefähr den heutigen Bundesländern entsprechen.

Dies wurde in einem Protokoll am 12. September 1944 festgeschrieben. Auf einer Landkarte, die als Karte A im Anhang dieses Protokolls eingefügt wurde, ist der Grenzverlauf ganz genau festgehalten. Klar erkennbar ist darauf, dass die Grenze zur „Ostzone“ an der Lübecker Bucht enden und sich an der alten Landesgrenze Schleswig-Holsteins zu Mecklenburg orientieren sollte. Und genau darüber gab es Streit. Die Sowjets wollten die Grenze ein paar Kilometer weiter westlich enden lassen, um Fehmarn in sowjetisches Gebiet zu bekommen. Das wäre für die Sowjetunion strategisch höchst interessant gewesen, aber Lord Stonesfield weigerte sich, dieser Forderung nachzugeben. Beharrlich wies er darauf hin, dass die Insel schon immer zum Gebiet des heutigen Schleswig-Holstein gehörte und dass sich der Grenzverlauf aller Zonen an den alten Ländergrenzen orientierte. So solle es auch hier bleiben. Angeblich hatte die britische Regierung dem Ansinnen der Russen bereits nachgegeben – was soll ein Streit um dieses Inselchen? –, aber Lord Stonesfield blieb hart und setzte sich schließlich tatsächlich durch!

Das hatte zur Folge, dass Fehmarn nach dem Krieg die einzige vom Westen aus erreichbare deutsche Ostseeinsel war; die ostdeutschen Ostseeinseln verschwanden ja hinter dem Eisernen Vorhang. Damit wurden auch die Touristenströme umgeleitet, was nicht gerade zum Nachteil von Fehmarn gereichte.

All das erfuhren die Fehmarner aber erst Jahre später, als der Lord 1956 seine Memoiren veröffentlichte. Darin beschrieb er detailliert, wie er 1945 als britischer Unterhändler über einen Zeitraum von zwei Monaten hartnäckig und schließlich erfolgreich mit dem russischen Vertreter verhandelte, der die Insel für den russischen Sektor verlangte.

Viele Jahre später, als der Touristenboom eine neue Ära auf Fehmarn einläutete, wollten die Insulaner ihrem damaligen „Retter“ danken. Die Einladung zu einem Besuch der Insel musste der damals 75-Jährige allerdings bedauernd ablehnen – zu anstrengend.

Dafür reiste eine Fehmarner Delegation nach London und überbrachte Lord Strang of Stonesfield einen Zinnteller und ein Inselrelief. Eine am Burger Fehmarn-Museum 2 angebrachte Gedenkplatte erinnert noch heute an den standhaften Lord und diese Episode der Nachkriegsgeschichte.

PRAKTISCHE REISETIPPS

068fm-mux

An- und Rückreise

Mit dem Auto

Angehende Fehmarn-Urlauber genießen einen unschätzbaren Vorteil: Sie müssen in Hamburg nicht durch den Elbtunnel fahren. Die **Autobahn A 1** führt, aus Richtung Bremen kommend, an diesem Nadelöhr vorbei Richtung Lübeck und Fehmarn. Bis **Lübeck** herrscht meist relativ dichter Verkehr, zumal genügend Pendler aus dem Hamburger Umland diese Strecke benutzen. Die alte Hansestadt wird schließlich großzügig umfahren. Danach verläuft die A 1 entlang der Lübecker Bucht, die Ostsee fast in Sichtweite. Knapp 6 km vor Fehmarn endet die Autobahn bei **Heiligenhafen** 41 und geht in die **Bundesstraße B 207** über. Links liegt der Strand von Heiligenhafen, im Hintergrund blitzt Fehmarn durch. Die **Fehmarnsundbrücke** (s. S. 60) lässt sich schon aus der Ferne bewundern. Über die Brücke rollt der Verkehr recht flott. Rechts unten kann man den kleinen Hafen von Fehmarnsund 28 sehen, links den Campingplatz Strukkamphuk (s. S. 62).

Die B 207 verläuft quer über die Insel **bis Puttgarden** 19 und endet dort direkt am Fährhafen, wo die Schiffe nach Dänemark ablegen. Neben dem gelben Bundestraßenschild steht hier auch das grüne Schild für die **Europastraße E 47.** Eine Besonderheit: Auf der Insel verläuft die Bundesstraße zum Fährhafen völlig getrennt vom Inselverkehr. Die B 207 wurde wie in einem kleinen Graben angelegt; links und rechts ist jeweils ein kleiner Wall aufgeschüttet, alle kreuzenden Straßen führen über eine Brücke. So kommen sich Durchgangsverkehr nach Dänemark und Inselverkehr nicht in die Quere.

Die Fähren nach Dänemark fahren vom Bahnhof Puttgarden aus

Vorseite: Und sie steht noch! Vor über 100 Jahren malte Kirchner diese Scheune in Staberhuk (s. S. 38).

Mit der Bahn

Fehmarn kann **derzeit nicht mehr mit der Bahn erreicht werden,** die Verbindungen wurden im Herbst 2022 eingestellt. Hintergrund ist der **Bau des neuen Fehmarnbelttunnels** nach Dänemark. Im Zuge dieser großen Baumaßnahme soll auch auf deutscher Seite die Bahnanbindung verbessert und eine ganz **neue Trasse** gebaut werden, die nicht mehr durch die zahlreichen Ferienorte an der Lübecker Bucht, sondern stattdessen durchs Hinterland führt. Zudem soll durch den neuen Tunnel auch die Erreichbarkeit der Insel Fehmarn von deutscher Seite aus verbessert werden. Die Baumaßnahmen dafür wurden begonnen und die Bahn fährt voraussichtlich bis 2029 gar nicht mehr. Endstation ist derzeit **Lübeck,** von dort geht es nur noch per **Bus** der Linie X85 weiter. Der Straßenverkehr über die Fehmarnsundbrücke fließt aufgrund der Baumaßnahmen etwas zäh.

› **Infos:** www.bahn.de

Autofahren

Autofahren auf Fehmarn ist im Prinzip unproblematisch, der Besuch der „Hauptstadt" **Burg** erweist sich aber mitunter als überraschend nervenaufreibend. Da die Insel speziell in den Sommermonaten von vielen Gästen aufgesucht wird, quälen sich viele Autofahrer in den Ort hinein und suchen manchmal lange nach einem **Parkplatz.** Erschwerend kommt hinzu, dass die wichtigsten Straßen durch das Ortszentrum führen. Und so ist es spätestens ab dem frühen Nachmittag ziemlich voll in der kleinen Stadt. Das hauptsächliche Geschehen konzentriert sich auf die kopfsteingepflasterte **Breite Straße** 1. Dort bummeln Besucher entlang, aber leider müssen hier auch die Autofahrer durch. Wer unbedingt mit dem Auto nach Burg möchte, sollte deshalb umgehend den **großen Parkplatz an der Osterstraße** (s. S. 27) aufsuchen.

Auch wer an einen der **Inselstrände** fahren will, wird schnell feststellen, dass Parkplätze Mangelware sind.

Die restlichen Orte können meist problemlos mit dem Auto angesteuert werden. Es führen einige **sehr gut ausgebaute Straßen** über die Insel und auch etliche **schmale Nebenwege** sind mühelos befahrbar. Diese werden sowohl von Autofahrern als auch von Radfahrern genutzt. Hier kann es durchaus mal zu Interessenkonflikten kommen.

Barrierefreies Reisen

Fehmarn kann gut von Menschen mit eingeschränkter Mobilität besucht werden. Nur die Inselhauptstadt **Burg** ist aufgrund des teilweise etwas **unebenen Straßenpflasters** etwa für Rollstuhlfahrer nicht ganz einfach befahrbar. Am Strand von Burgtiefe (s. S. 25) hat die DLRG **Wasserrollstühle** vorrätig. Das Freizeit- und Spaßbad **FehMare** (s. S. 26) ist auf Rollstuhlfahrer eingestellt, ebenso der große überdachte Freizeitbereich **Vitarium,** der zum **IFA Fehmarn Hotel & Ferien-Centrum** (s. S. 28) gehört. Auch mit den öffentlichen Verkehrsmitteln lässt sich die Insel meist barrierefrei erkunden, oftmals verkehren **Niederflurbusse.**

› Unter Tel. 04371 506333 berät der Tourismus-Service Fehmarn über behindertengerechte Unterkünfte.

› Auf der Internetseite www.fehmarn.de (Menüpunkt „Service"/ „Barrierefreiheit") lässt sich die „Behinderten-Broschüre Fehmarn" herunterladen, die zahlreiche konkrete Tipps und Adressen aufführt.

Geldfragen

Fehmarn kann man generell **nicht als teures Pflaster** bezeichnen. Wahrscheinlich werden die wenigsten Urlauber längere Zeit in einem Hotel verbringen, denn das wäre natürlich recht teuer. Die meisten Gäste mieten eine **Ferienwohnung** oder nutzen einen der zahlreichen **Campingplätze.** Zum Thema Camping muss nicht viel gesagt werden: Billiger übernachten kann man nur im Schlafsack am Strand.

Wer zum Essen ins **Restaurant** geht, wird keinesfalls erschrocken zurückzucken – „Sylter" Preise gibt es auf Fehmarn nicht. Alles bleibt im Rahmen, einige Lokale können sogar als ausgesprochen günstig bezeichnet werden. Die meisten Restaurants glänzen nicht mit teuren Gerichten, sie wollen eher die breite Masse locken.

Was bleibt sonst noch an Kosten? Die **Kurtaxe** (s. rechts) wird generell für alle Urlauber fällig. **Strandkörbe** sind ebenfalls ein wichtiger Kostenpunkt (Beispiel Südstrand 13: 11 € pro Tag, Wochenkorb 70 €). Dazu kommen vielleicht noch die Kosten für ein **Mietfahrrad** (zumeist um 7–9 € pro Tag).

Lebensmittel müssen zwar vom Festland nach Fehmarn transportiert werden, aber das passiert unproblematisch per Lkw über die Fehmarnsundbrücke. Ein verteuernder Transport per Fähre entfällt auf Fehmarn, was sich in der Kalkulation der Händler niederschlägt – ein klarer Vorteil für die Urlauber. Und da gute Möglichkeiten zum Bummeln und damit zum Geldausgeben sowieso nur in der Inselhauptstadt Burg gegeben sind, kann ein Fehmarn-Urlaub insgesamt durchaus preiswert ausfallen.

Fehmarn preiswert

Das Bezahlen der **Kurtaxe** (s. unten) gewährt folgende Vorteile:

- ermäßigten Eintritt in der Badewelt **FehMare** (s. S. 26)
- einen Rabatt im **Bürgerbus** (s. S. 130)
- die kostenlose Ausleihe von Büchern und Medien in der **Stadtbücherei mit der Ernst-Ludwig-Kirchner-Dokumentation** 4
- ermäßigten Eintritt im **Fehmarn-Museum Burg** 2 und im **Mühlenmuseum Jachen Flünk** 37 in Lemkenhafen 36
- Rabatte in verschiedenen Geschäften

An bestimmten Terminen im Juli und August gibt es in der **St.-Nikolai-Kirche** 3 in Burg **Orgelkonzerte bei Kerzenlicht** zu einem attraktiven Eintrittspreis.

Kurtaxe und ostseecard

Die **Kurtaxe** wird inselweit das ganze Jahr über erhoben. Sie wird bei Bezahlung der Unterkunft automatisch abgerechnet. Als Zahlungsbeleg und für die Nutzung der damit verbundenen Ermäßigungen erhält der Gast die sogenannte **ostseecard.** Dabei handelt es sich um eine optisch einheitliche Karte in 18 kurtaxepflichtigen Orten entlang der Ostseeküste Schleswig-Holsteins. Die Karte ermöglicht den **freien Strandbesuch** in allen teilnehmenden Orten, **kostenfreies Parken** sowie **weitere Leistungen** wie Rabatte beim Einkauf, in der Gastronomie oder beim Besuch von Museen, Kultureinrichtungen und Freizeitparks (s. oben).

Es ist auch möglich, sich weitere Pakete auf die Karte buchen zu lassen. Kinder und Jugendliche bis zur Vollendung des 18. Lebensjahres sind von der Zahlung befreit.

- **15. Mai–14. Sept.:** 2,30 € pro Tag
- **15. Sept.–14. Mai:** 1,50 € pro Tag
- **Infos:** www.ostseecard.de, www.fehmarn.de (Menüpunkt „Service“/„Ostseecard“). Beim Klick auf „Ermäßigungen auf Fehmarn“ öffnet sich ein PDF mit weiterführenden Informationen und allen teilnehmenden Institutionen.

Informationsquellen

Infostellen auf der Insel

- **Tourismus-Service Fehmarn am Südstrand** <115> Zur Strandpromenade 4, Burgtiefe, Tel. 04371 506329, www.fehmarn.de, geöffnet: April–Okt. Mo.–Fr. 9–17, Sa./So. 10–15, Nov.–März Mo.–Fr. 9–16 Uhr
- **Tourismus-Service Fehmarn in Burg** <116> Bahnhofstr. 30, Tel. 04371 506358, www.fehmarn.de, geöffnet: April–Okt. Mo.–Fr. 9–17, Sa./So. 10–15, Nov.–März Mo.–Fr. 9–16 Uhr
- **Buchungshotline:** Tel. 04371 506333
- In mehreren Orten stehen kleine **„Telefonzellen“** mit Infomaterial zum Mitnehmen.
- **Digitale Info-Terminals:** An mehreren Terminals (im Yachthafen Burgtiefe bei Sailor's Inn, s. S. 31, und in der Burger Altstadt zwischen Rathaus und Kaufhaus Stolz) gibt es rund um die Uhr aktuelle touristische Informationen.

Fehmarn im Internet

- **www.fehmarn.de:** offizielles touristisches Portal der Insel mit zahlreichen Informationen und Reisetipps, Buchungsservice und Veranstaltungskalender
- **www.fehmarn-kultur.de:** Website mit dem Schwerpunkt Kunst und Kultur inklusive Terminkalender. Auch Fehmarner Künstler und Kulturschaffende werden vorgestellt.

Publikationen und Medien

- **Fehmarnsches Tageblatt:** Die werktäglich erscheinende Tageszeitung berichtet über das Geschehen auf der Insel und liefert auch Veranstaltungstipps (Onlineausgabe: www.fehmarn24.de).
- **Urlaubskurier:** Die kostenlose Werbezeitung hält neben einer Vielzahl von Anzeigen örtlicher Geschäfte auch Berichte, Veranstaltungsvorschauen und Ausflugstipps parat.
- **der reporter:** Ein weiteres wöchentlich erscheinendes Anzeigenblatt, das von Fehmarn und Ostholstein berichtet und auch als Onlineausgabe (www.der-reporter.de) vorliegt.

Smartphone-Apps

- **Ostsee Schleswig-Holstein:** Die Anwendung liefert nicht nur Infos zu Fehmarn, sondern auch zu weiteren Urlaubsorten an der Ostseeküste. Ein Strandfinder, Radrouten, eine Umkreissuche und Anruffunktion sind inklusive (kostenlos für Android und iOS).

Internet

Die meisten **Hotels und Campingplätze** bieten **WLAN** an, ebenso der Großteil der Vermieter von Ferienwohnungen. Kostenloses WLAN erhält man z. B. am Südstrand 13, am Hafen Burgstaaken 9 und in der Innenstadt von Burg (s. S. 13). Dazu ins Netz **#im.meer.wlan!** einwählen und die Nummer der Ostseecard eingeben.

Meine Literaturtipps

- Almstädt, Eva: **Ostseefluch,** Bastei Lübbe. Eine Leiche liegt im Garten eines etwas abseitigen Hauses und sogleich wispern die Einheimischen etwas von einem alten Fluch, der auf dem Haus laste. Pia Korittki, starke Ermittlerin aus Lübeck, verlässt nicht zum ersten Mal die alte Hansestadt und begibt sich auf die Ostseeinsel Fehmarn, um den Fall zu lösen. Sie wühlt sich durch das Gestrüpp von Fakten, Aberglaube und familiärem Zwist und muss sich am Ende doch mit eben diesem Fluch beschäftigen.
- Meckelmann, Heike: **Küstenschrei,** Gmeiner Verlag. Fehmarn im Herbst: Am Strand von Katharinenhof wird eine Leiche entdeckt. Am anderen Inselende, am Fehmarnsund, wird eine ältere Dame überfallen und deren Nichte hat auf dem Weg zu ihrer Tante einen Unfall. Eine Menge Zufälle, aber Kommissar Westermann muss lange suchen, um die Zusammenhänge zu entdecken. Leser werden eine Menge Orte wieder erkennen, was den Reiz des Buches erhöht. Die Autorin hat mehrere weitere Fehmarn-Krimis veröffentlicht: „Küstenschatten“, „Küstenwolf“, „Küstendämon“, „Küstenlüge“, „Küstensturm“, „Küstenangst“ und „Küstengruft“. Alle Bände spielen auf Fehmarn und immer ermitteln die Kommissare Westermann und Hartwig. Im Band „Küstengruft“ fließen neben der reinen detektivischen Aufklärungsarbeit auch kritische Töne zum Fehmarnbelttunnel ein.
- Clausen, Anke: **Ostseegrab,** Gmeiner. Sophie Sturm, erfolgreiche Klatschreporterin aus Hamburg, gönnt sich eine Auszeit auf Fehmarn, wo ihre ehemals beste Freundin mit ihrer Familie lebt. Kurz nach ihrer Ankunft findet Sophie eine tote Surferin am Strand. Die Polizei, in Gestalt des Ehemanns ihrer Freundin, glaubt an einen Unfall, Sophie nicht. Deshalb beginnt sie, auf eigene Faust zu schnüffeln und begibt sich dabei in tödliche Gefahr. Flott geschrieben, sind die Figuren in Klischees gepackt, die hier aber ganz gut zur Geschichte passen. Nette Strandkorblektüre.
- Bonné, Mirko: **Mein Fehmarn,** Mare Verlag. Der Autor reflektiert über die Ostseeinsel. Er lässt den Protagonisten Marko und seinen Bruder Stipe in Kindheitserinnerungen schwelgen, wie sie ihre Sommerferien auf Fehmarn verbrachten und sich die Farben von blühendem Raps oder Mohn in ihr Gedächtnis einbrannten. Nebenbei erfährt man als Leser noch einiges Interessantes über die Insel.
- Messal, Meike: **Düsterstrand,** Prolibris. Die frisch gebackene Abiturientin Laura plagen schwere Erinnerungen, ihr Bruder Paul verschwand vor 10 Jahren auf Fehmarn. Laura fährt auf die Insel und beginnt eine Suche. Schnell kommt sie in Kontakt mit Eltern, deren Kinder ebenfalls verschwanden und gerät sogar in Lebensgefahr. Der Roman wechselt beständig die Erzählebene, springt von Lauras Recherchen zu einem finsteren Kellerloch, wo noch immer ein Junge gefangen gehalten wird. Es ist keine leichte Lektüre, denn sie zeigt tiefe menschliche Abgründe. Leser werden viele Schauplätze wiedererkennen.

Medizinische Versorgung

- **Inselklinik Fehmarn** <117> Mummendorfer Weg 12, Burg, Tel. 5040, www.sana-oh.de. Klinik und chirurgische Praxis, auch für innere Medizin. Außerdem arbeiten hier viele Fachärzte.
- **Rathaus-Apotheke** <118> Am Markt 30, Tel. 501050, www.rathaus-apotheke-burg.de, geöffnet: Mo.–Fr. 8–18, Sa. 8–12.30 Uhr

Mit Kindern unterwegs

Wer mit seinen Kindern nicht immer nur am Strand im Sand buddeln möchte, für den sind die folgenden **Unternehmungen und Attraktionen** eine Empfehlung:

› **Adventure-Golf Fehmarn** (s. S. 99), eine aufregende Mischung aus Golf und Minigolf, wartet am Ortsausgang von Meeschendorf.

Hüpfkissen auf dem Campingplatz Flügger Strand (s. S. 74)

› **Barfußpark Fehmarn** <119> Strandallee 17, www.barfusspark-fehmarn.de. In Neue Tiefe auf dem Weg zum Südstrand 13 liegt ein Barfußpark mit verschiedenen Untergründen, einem Labyrinth und einem Abenteuerspielplatz.

- **Farmworld Fehmarn** <120> Gertrudenthaler Str. 10, Burg, Tel. 8897960, www.farmworld-fehmarn.de, geöffnet: April/Mai Mi.–Mo. 10–17, Juni/Sept. Mi.–Mo. 10–18, Juli/Aug./Okt. tgl. 10–18, Nov.–März Fr./Sa. 11–16 Uhr, Eintritt: Erw. 5,50 €, Kinder 4,50 €. Maschinen und Fahrzeuge der Landwirtschaft sind hier in einer Miniaturwelt im Maßstab 1 : 32 dargestellt.

› Toben im **FehMare** (s. S. 26), der 4500 m² großen Badewelt mit „echtem" Meerwasser und einer langen Rutsche direkt am Südstrand 13

› **Geologische Bestimmungskurse** (s. S. 127). Eine Expertin erklärt Muschel- und Steinfunde.

› Im Sommer steht ein **Hüpfburgenpark** an der Straße auf halbem Weg von Burg nach Landkirchen, tgl. 11–18 Uhr.

› Haie, Rochen, schillernde Fische und Unterwasserlandschaften lassen sich im **Meereszentrum Fehmarn** 5 in Burg bestaunen.

- **Schmetterlingspark** 7 und **Galileo Wissenswelt** 6: Zwei Indoor-Einrichtungen in direkter Nachbarschaft am Ortseingang von Burg. Im Schmetterlingspark lassen sich die flatternden, filigranen Tiere bei tropischen Temperaturen bewundern, in der Galileo Wissenswelt kann man anschaulich Naturwissenschaften und Technik erforschen.
- ■ **Soccer-Golf** <121> Mummendorfer Weg 11 C, neben der Galileo Wissenswelt, www.soccergolf-fehmarn.de, geöffnet: Osterferien–Herbstferien wechselnde Zeiten, meist ab 10 Uhr, phasenweise Di.–Do. geschlossen, Eintritt: Erw. 10,50 €, Kinder 8,50 €. Hier wird auf 18 Bahnen eine Art Minigolf mit Fußbällen gespielt. Ziel des Spiels ist es, den Ball mit dem Fuß über diverse Hindernisse hinweg mit möglichst wenigen Schüssen einzulochen.
- Das **Vitarium** am Südstrand, Teil des IFA Fehmarn Hotel & Ferien-Centrum (s. S. 28): Auf 3000 m² können sich die kleinen Gäste – unabhängig vom Wetter – unter einem Glasdach mit einer Vielzahl an unterschiedlichen Spielen beschäftigen.
- **Vorlesestunden** für Kinder ab 4 Jahren werden in der Hauptsaison zu wechselnden Zeiten von der **Stadtbücherei mit der Ernst-Ludwig-Kirchner-Dokumentation** 4 organisiert.

Notfälle

Polizei und Fundbüro

Die einzige Polizeidienststelle auf Fehmarn befindet sich in der Inselhauptstadt Burg.

- ■ **Polizeidienststelle Burg** <122> Kaestnerstr. 2 A, Burg, Tel. 503080
- ■ **Fundbüro im Bürgerbüro** <123> Bahnhofstr. 5, Burg, Tel. 506641

Kartensperrung

Bei **Verlust der Debit-/Giro-, Kredit- oder SIM-Karte** gibt es für Kartensperrungen eine **deutsche Zentralnummer** (unbedingt vor der Reise klären, ob die eigene Bank bzw. der jeweilige Mobilfunkanbieter diesem Notrufsystem angeschlossen ist).

Aber Achtung: Mit der telefonischen Sperrung sind die Bezahlkarten zwar für die Bezahlung/Geldabhebung mit der PIN gesperrt, nicht jedoch für das **Lastschriftverfahren mit Unterschrift.** Man sollte daher auf jeden Fall den Verlust zusätzlich **bei der Polizei zur Anzeige bringen**, um gegebenenfalls auftretende Ansprüche zurückweisen zu können.

In **Österreich** und der **Schweiz** gibt es keine zentrale Sperrnummer, daher sollten sich Besitzer von in diesen Ländern ausgestellten Debit- oder Kreditkarten vor der Abreise bei ihrem Kreditinstitut über den zuständigen Sperrnotruf informieren.

Generell sollte man sich immer die **wichtigsten Daten** wie Kartennummer und Ausstellungsdatum **separat notieren**, da diese unter Umständen abgefragt werden.

- **Deutscher Sperrnotruf:** Tel. +49 116116 oder Tel. +49 3040504050
- **Weitere Infos:** www.kartensicherheit.de, www.sperr-notruf.de

Notrufnummern

- **Polizei:** Tel. 110
- **Notruf:** Tel. 112
- **Ärztlicher Notdienst:** Tel. 0180 5119292
- **Zahnärztlicher Notdienst:** Tel. 04521 4454

Öffnungszeiten

Auf Fehmarn gilt die **Bäderregelung**, nach der Geschäfte des täglichen Bedarfs im Zeitraum vom 15. März bis 31. Oktober sowie vom 17. Dezember bis 8. Januar auch **sonntags** zwischen 11 und 19 Uhr für sechs Stunden **öffnen dürfen.**

Genügend Geschäftsinhaber machen von dieser Regelung Gebrauch, aber längst nicht alle. Dennoch: Wer in der Saison Lebensmittel oder Ähnliches benötigt, wird diese am Sonntag einkaufen können, auch ein Shoppingbummel in Burg ist dann möglich.

Ansonsten schließen die Geschäfte unter der Woche meist zwischen 18 und 18.30 Uhr. Selten hat ein Shop länger geöffnet; die Ausnahme bilden Supermärkte. Weitere Infos s. S. 30.

Post

- **Postfiliale Burg** <124> im Kaufhaus Stolz, UG, Am Markt 2–6, Burg, Tel. 502246, geöffnet: Mo.–Fr. 9–18 Uhr, Sa. 9–12 Uhr

Telefonieren

Obwohl die Insel nicht sehr groß ist, hat sie doch **zwei Vorwahlen.** Für die meisten Orte gilt **04371**, aber für eine Zone im **Inselwesten** bei Petersdorf ㉔, Orth ㉚ und Lemkenhafen ㊱ gilt die Vorwahl **04372.** Bei Telefonnummern in diesem Bereich ist die Vorwahl in diesem Buch immer mit angegeben, bei sämtlichen anderen Telefonnummern ist sie nicht genannt – dann wählt man vorher stets die 04371.

Touren

- **Stadtführungen durch Burg** sowie **Kirchenführungen** werden an bestimmten Terminen veranstaltet. Treffpunkt: Fehmarn-Museum Burg ❷. Nähere Informationen beim Tourismus-Service Fehmarn (s. S. 123) oder unter www.fehmarn-kultur.de. An ausgesuchten Terminen gibt es auch einstündige Rundgänge mit dem Nachtwächter (www.touristinfo-burg.de).
- **Geologische Bestimmungskurse** bietet Beate Burow zwischen Juli und September jeden Donnerstag an verschiedenen Stränden der Insel an. Die Expertin erläutert, was man alles am Strand findet. Dauer: 1,5–2 Std. Infos und Anmeldung unter Tel. 506654.
- Interessante **Schiffstouren** (s. S. 25) lassen sich vom **Hafen Burgstaaken** ❾ aus unternehmen.
- **Inselrundfahrt in einem gelben US-Schulbus,** ab Burger Marktplatz, Dauer 3 Std. oder kürzere Tour 75 Minuten. Infos: www.fehmarn-tours.de, Tel. 0172 4507035.
- Auch **Touren mit einer Bimmelbahn** werden angeboten. In einer Stunde fährt sie von Burg zum Hafen und zum Südstrand. Details: www.bimmelbahn.sh.

Unterkunft

In wohl jedem Fehmarner Ort lässt sich eine Unterkunft finden. Zu berücksichtigen ist dabei, dass bis auf wenige Ausnahmen **kaum ein Ort direkt am Meer** liegt. Der abendliche Strandbummel nach dem Essen ist natürlich möglich, aber dafür muss man immer einige Kilometer fahren.

Weiterhin sollte bei der Auswahl des Quartiers bedacht werden, dass es in etlichen Orten **keine Einkaufsmöglichkeit** und nur in Ausnahmefällen eine Lokalität zum Essen gibt (diese sind im Buch bei den jeweiligen Orten aufgeführt). Auch das stellt grundsätzlich keine Hürde dar: Zum nächsten Bäcker oder Kaufmann ist es nie weit. Generell sollte man wissen, dass in manchem Fehmarner Dorf schlichtweg nichts los ist. Dies wird von vielen Urlaubern durchaus als wohltuend empfunden – keine Frage. Aber noch einmal: Auf Fehmarn bewegt man sich vielfach in sehr ländlichem Umfeld.

Alle Unterkünfte in diesem Buch sind zur besseren Auffindbarkeit unter den jeweiligen Orten aufgeführt.

Auswählen und buchen

Für die gesamte Insel liegt ein **umfangreiches Unterkunftsverzeichnis** vor, zu beziehen über Tourismus-Service Fehmarn (s. S. 123) bzw. abrufbar im Netz unter www.fehmarn.de (Menüpunkt „Angebote & Buchung"/ „Online-Gastgeberverzeichnis"/„Ihre Gastgeber"). Quartiere mit einem gelb unterlegten Buchstaben F können direkt und kostenlos über die **Zimmervermittlung** des Tourismus-Service Fehmarn (Buchungshotline: Tel. 04371 506333) gebucht werden.

Preisniveau

Die Preise schwanken teilweise ganz erheblich je nach Saison. Die hochpreisige **Sommersaison** erstreckt sich etwa von Mitte Juni bis Ende August, außerhalb dieser Zeit fallen die Preise teils um die Hälfte. Zu den angegebenen Preisen addieren sich häufig noch Extrakosten für die sogenannte **Endreinigung.** Diese müssen im Vertrag aufgeführt sein, ihr Preis schwankt zwischen 25 und 40 €. Wer möchte, kann gegen Aufpreis ein **Wäschepaket** bestellen, welches Handtücher und Bettwäsche enthält.

Ferienwohnungen

Ferienwohnungen sind die **gefragteste Unterkunftsart.** In jedem Dorf sind sie zu finden, allerdings von unterschiedlichster Qualität. Da gibt es hochmoderne Apartments in Neubauten, in denen es an nichts mangelt, ebenso wie das ehemalige Kinderzimmer unterm Dach, in das jetzt Gäste einquartiert werden. Immer mehr (ehemalige) Landwirte haben auf ihren Höfen wunderbare Ferienwohnungen eingerichtet oder diese gar zu **Ferienhöfen** ausgebaut. Sie bieten obendrein häufig Programm v. a. für Kinder an, etwa einen Streichelzoo und Spielmöglichkeiten. Zumeist umgibt das Haus noch ein Garten – ideal als Liegewiese für die Großen und Spielplatz für die Kleinen.

Dann wären da noch die **Ferienwohnungen am Südstrand** ⓭, untergebracht in drei 17-geschossigen Hochhäusern (IFA Fehmarn Hotel & Ferien-Centrum, s. S. 28) oder in Wohnblocks. Nicht jedermanns Sache, so viel Beton, aber immerhin direkt am Sandstrand gelegen.

In vielen Wohnungen darf **nicht geraucht** werden und es gibt auch Vermieter, die keine **Haustiere** wünschen. Das ist meist kein Zeichen mangelnder Tierliebe, sondern schlicht ein Zugeständnis an Allergiker, die als nächste Gäste kommen könnten. Als Raucher oder Hundehalter fragt man also lieber vorher nach, bevor es zu unangenehmen Überraschungen kommt.

☒ *Fehmarn verfügt insgesamt über 16 Campingplätze*

071fm-hj

Ferienhäuser

Die Auswahl an kompletten Ferienhäusern fällt etwas bescheiden aus, im Unterkunftsverzeichnis nehmen sie nur ein paar Seiten ein. Vor allem für Cliquen oder größere Familien wären diese Unterkünfte ideal. Aufgrund des **begrenzten Kontingents** muss man auf jeden Fall frühzeitig anfragen.

Privatzimmer

Wer **preiswert** unterkommen will, ist hier richtig. Allzu viel darf man aber nicht erwarten, im günstigsten Fall gibts noch netten Familienanschluss.

Hotels

Hotels sind vor allem in der Innenstadt von **Burg und am Südstrand** 13 (s. S. 28) zu finden, weniger in den restlichen Orten. Hotels bieten sich vor allem für kurzfristige Aufenthalte an, vermieten doch die meisten Besitzer ihre Ferienwohnung nicht für wenige Tage. Am Südstrand gibt es mit dem Strandhotel Bene (s. S. 29) auch ein 4-Sterne-Hotel.

Campingplätze

Stolze **16 Plätze** gibt es auf Fehmarn; sie sind rings um die Insel verteilt. Alle Campingplätze liegen **direkt an der Küste** und schon dadurch heben sie sich von den Unterkünften in den meisten Ortschaften ab. Außerdem wurden Fehmarns Campingplätze schon mehrfach zu den besten europaweit gewählt. Kein Wunder, dass die Nachfrage ungebrochen groß ist und die Plätze einen guten Ruf genießen. Die Betreiber bemühen sich nach Kräften und bieten ein breites Unterhaltungsprogramm bis hin zu kompletten Show-Veranstaltungen. **Geöffnet** sind die meisten Plätze **von April bis Oktober**, auf dem **Camping- und Ferienpark Wulfener Hals** (s. S. 58) kann man das ganze Jahr campen.

› **Allgemeine Infos zu allen Campingplätzen:** Camping-Paradies Fehmarn e. V., Postfach 1201, 23764 Burg, www.campingparadies-fehmarn.de

Verkehrsmittel

Linienbus

Theoretisch lassen sich viele Ziele auf der Insel per Bus erreichen, praktisch sieht es aber dann doch so aus, dass man immer einen gründlichen Blick auf den **Fahrplan** werfen muss. Allzu häufig verkehren die Busse nämlich nicht und das gesamte Netz ist auf die Inselhauptstadt Burg ausgerichtet. **Fahrkarten** kauft man direkt beim Fahrer. Die folgenden **Linien** sind für Touristen relevant:

- **Linie 591:** Burg – Burgtiefe (Südstrand 13) – Puttgarden 19 (alle 2–3 Std., morgens und abends stündlich)
- **Linie 593:** Burg – Klausdorf – Katharinenhof – Staberdorf 15 – Burg (Mo.–Fr. drei Touren am Vormittag, an Schultagen auch eine am Nachmittag)
- **Linie 595:** Burg – Lemkenhafen 36 – Petersdorf 24 – Orth 38 (Mo.–Fr. zw. 6.30 u. 16.20 Uhr knapp zweistündlich zu wechselnden Zeiten, je nachdem, ob gerade Ferien- oder Schulzeit ist, Sa. nur drei Fahrten vormittags, So. kein Betrieb)
- **Linie 590:** Burgtiefe – Burg – weiter aufs Festland bis nach Heiligenhafen 41 und Großenbrode (Mo.–Sa. etwa einmal stündlich zwischen 5 und 21.30 Uhr, So. seltener)
- **Fahrpläne** im pdf-Format unter www.bahn.de/autokraft, Suchbegriff „Fehmarn“
- **Online-Tickets:** App DB-Navigator, NAH.SH-App, HVV-App

Bürgerbus

Der Bürgerbus befährt die Insel von **Ostern bis Ende Oktober** auf insgesamt fünf Routen und fährt grundsätzlich einmal vormittags, mittags und nachmittags (jeweils Mo.–Fr., Juli–Anf. Sept. auch am Sa.). Der Startpunkt ist immer die **Bushaltestelle am Niendorfer Platz in Burg,** danach wird auch noch an der St.-Nikolai-Kirche 3 gehalten. Der Bürgerbus verkehrt auf den folgenden **Strecken:**

- **Tour 1:** Burg – Avendorf – Campingplatz Miramar (s. S. 62) – Wulfen 26 – Burg
- **Tour 2:** Burg – Wulfen – Burg
- **Tour 3:** Burg – Staberdorf 15 – Meeschendorf – Camping-Südstrand (s. S. 35) – Burg
- **Tour 4:** Burg – Katharinenhof – Klausdorf – Burg
- **Tour 5:** Burg – Landkirchen 34 – Albertsdorf 33 – Lemkenhafen 36 – Burg
- **Tour 6:** Burg – Landkirchen – Wasservogelreservat Wallnau 40 – Burg (fährt nur April–Okt. Mo., Mi., Fr.)
- **Fahrpreise:** Erw. 2 €, erm. 0,50 € (Ausnahme: Tour 6 – Erw. 2,50 €, erm. 1 €)
- **Infos:** www.buergerbus-fehmarn.de
- Im **Winter** fährt der Bürgerbus als **Anrufbus** (Tel. 04362 90525) und ist dann etwas teurer.

Taxi

- **Taxi Barnasch,** Tel. 3349
- **Inseltaxi,** Tel. 8889922

Wetter und Reisezeit

Wetter

Über kaum etwas wird in Schleswig-Holstein häufiger geredet als über das Wetter. Zumeist hat man ja etwas zu meckern. Entweder ist es zu kalt oder zu feucht oder – doch, doch, das gibts auch – zu heiß. Auf Fehmarn kennt man Sorgen mit schlechtem Wetter kaum, denn – und jetzt folgt eine handfeste Überraschung –

Fehmarn ist **einer der sonnenreichsten Flecken Deutschlands** neben der anderen großen Ostseeinsel Rügen und einem Gebiet im Breisgau. Auf ungefähr 1900–2200 Sonnenstunden kommen die Meteorologen für Fehmarn. Zum Vergleich: Über Hamburg scheint die Sonne alljährlich nur knapp 1600 Stunden und die Hansestadt liegt weniger als zwei Autostunden entfernt. Auch die Statistik der **geringsten Niederschläge** führen die Ostseeinseln an. Die jährlichen Durchschnittswerte bescheren Fehmarn nur etwa 550–600 mm Niederschlag.

Wie kommt das? In Schleswig-Holstein weht zumeist Westwind, der **atlantische Tiefausläufer** an die Nordseeküste bringt. Von dort ziehen die Regenwolken über Land nach Osten. Je weiter die Wolken über Land getrieben werden, desto langsamer werden sie. Die Bodenreibung nimmt zu, die **Wolken regnen sich ab,** zunächst über den Altmoränen im Westen, dann folgt ein Geestrücken, der äußerst flach ist – die Wolken brausen darüber hinweg und erreichen Ostholstein mit dem Bungsberg, hier herrscht wieder erhöhte Regentätigkeit. Dann gelangen die Wolken über die Küste zur Ostsee. Hier herrscht wenig Reibung: Der Wind nimmt zu, die Wolken lösen sich auf. Deshalb wird Fehmarn regelmäßig **von Niederschlag verschont.** So ist auf der Insel fast täglich ein wirklich beeindruckendes **„himmlisches" Schauspiel** zu beobachten: Eben noch zeigt sich der Himmel bedeckt, sodass man meint, gleich stürze er ein, schon reißt er wieder auf und die Sonne bricht durch. Selbst als Schleswig-Holsteiner jung an Wind und Wetter gewöhnt, beeindruckt mich dieses Fehmarner Phänomen stets aufs Neue.

Vereinzelte Wölkchen betupfen den strahlend blauen Sommerhimmel über Fehmarn

102fm-hj

Und damit wären wir beim **Wind.** Ein Fehmarn-Urlauber muss stets und ständig mit Wind rechnen. Das kann Radfahrer nerven und sogar den abendlichen Grillspaß verderben. Wer sich am Strand die Sonne auf den Bauch scheinen lässt, wird die **kühle Brise** vielleicht (unter-)schätzen. Spätestens am Abend wird dann klar, ob man sich einen Sonnenbrand geholt hat.

Nur bei **Sturm** wird die **Fehmarnsundbrücke** (s. S. 60), der Zugang zur Insel, **gesperrt,** zumindest für unbeladene Lkws und Wohnwagengespanne. Ein entsprechendes **Hinweisschild** wird dann vor der letzten Ausfahrt unweit von Großenbrode ausgeklappt. Durch Ignoranten kommt es leider immer wieder zu Unfällen auf der Brücke – die Windböen können ein Gespann glatt umwerfen.

Reisezeit

Fehmarn ist bei Eltern von schulpflichtigen Kindern sehr beliebt, gibt es hier doch viele familienfreundliche Unterkünfte. Nach Fehmarn zieht es aber auch viele Camper. Kein Wunder also, dass es in der Ferienzeit auf der Insel immer sehr voll wird, ganz besonders in den **Sommerferien.** Wer in dieser Phase nach Fehmarn reisen möchte, sollte sich sehr früh um ein Quartier bemühen. Wer sich jedoch von den Schulferien unabhängig machen kann, dem sei der **Zeitraum Mai/Juni** als Reisezeit empfohlen: Überall blüht es, ein besonderer Hingucker sind die gelben Rapsfelder. Die Nächte sind kurz, die Tage lang, es ist (meist) schon recht warm und insgesamt ist die Luft ziemlich milde.

Gehen die Sommerferien **Anfang September** zu Ende, wird es auf der Insel deutlich leerer, aber mit etwas Glück erwischt man dann noch sehr schöne Tage. Sicherlich sind die Temperaturen nicht mehr hochsommerlich, aber doch meist ganz angenehm. Der Herbst kann wunderbar „golden" sein, aber man muss sich auf kühlere Abende einstellen – die Nähe zum Wasser kühlt die Luft spürbar ab.

Nach dem Ende der Herbstferien kommen eigentlich nur noch ausgesprochene Insel-Liebhaber; die Saison ist zu Ende. Los geht es dann erst wieder ab Ostern. Im **April** wird es zwar kaum voll auf der Insel, aber die Temperaturen sind noch nicht dauerhaft hoch.

⊡ Die Ostsee lässt grüßen: Segelboote am Rundsteg des Südstrands ⓭

Durchschnitt	Wetter auf Fehmarn											
Maximale Temperatur	2°	2°	5°	9°	15°	19°	20°	21°	17°	13°	8°	4°
Minimale Temperatur	−2°	−2°	0°	3°	7°	11°	13°	13°	11°	8°	4°	0°
Regentage	10	8	9	9	9	9	9	9	9	9	11	10
Wassertemperatur	3°	2°	2°	5°	9°	13°	17°	18°	15°	12°	9°	5°
	Jan	Febr	März	Apr	Mai	Juni	Juli	Aug	Sept	Okt	Nov	Dez

ANHANG

075fm-mux

Kleine Sprachhilfe Plattdüütsch

Die Sprachhilfe entstammt dem Kauderwelsch-Sprachführer „Plattdüütsch – Das echte Norddeutsch“ (Band 120) aus dem Reise Know-How Verlag.

De Tolen – Die Zahlen

een	eins
twee	zwei
dree	drei
veer	vier
fief	fünf
söß	sechs
söben	sieben
acht	acht
negen	neun
teihn	zehn
ölben	elf
twölf	zwölf
dörteihn	dreizehn
veerteihn	vierzehn
föfteihn	fünfzehn
sößteihn	sechzehn
söbenteihn	siebzehn
achteihn	achtzehn
negenteihn	neunzehn
twintig	zwanzig
eenuntwintig	einundzwanzig
tweeuntwintig	zweiundzwanzig
dreeuntwintig	dreiundzwanzig
dörtig	dreißig
veertig	vierzig
föftig	fünfzig
sößtig	sechzig
söbentig	siebzig
achtig	achtzig
negentig	neunzig
hunnert	hundert
tweehunnert	zweihundert
dusend	tausend
tweedusend	zweitausend

Auf den Märkten werden vielfach die Waren noch abgewogen und entsprechend heißt es dann:

een viddel Pund	ein Viertel Pfund
een halv Pund	ein halbes Pfund

Persönliche Fürwörter

ik	ich
du	du
he, se, dat	er, sie, es
wi	wir
ji	ihr
se	sie
mi	mir
di	dir
em, ehr, dat	ihm, ihr, ihr
uns	unser
ju/juuch	euer
jem/jüm	ihr

Besitzanzeigende Fürwörter

mien	mein
dien	dein
sien, ehr	sein, ihr
uns/us	unser
ju/jüm	euer
ehr	ihr

De Daag – Die Tage

Moondag	Montag
Dingsdag	Dienstag
Middeweeken	Mittwoch
Dunnersdag	Donnerstag
Fredag	Freitag
Sünnabend	Samstag
Sünndag	Sonntag

Alltagssprache

Goden Dag ok!	Guten Tag auch!
Goden Avend!	Guten Abend!
Gode Nach!	Gute Nacht!
Adjüüs!	Tschüss!
Tschüüs ok!	Tschüss auch!
Ik wünsch di watt.	Ich wünsch dir was.

De ganze Pagaasch – Die Familie

de Grootmodder	die Großmutter
de Grootvadder	der Großvater
Vadder/Modder	Vater/Mutter
Broder/Süster	Bruder/Schwester
Veddern	Vettern, Cousins
Süsterkinner	Schwesterkinder, Neffen
Süsterdeern	Schwestermädchen, Nichte
Unkel un Tante	Onkel und Tante

Flunken un Beerbuuk – Körperteile

Bumskopp	Bumskopf, Kopf
Bregen	Kopf
Gluupogen	Glotzaugen
Horchlöpels	Horchlöffel, Ohren
Rüker	Riecher, Nase
Muul	Maul
Tähn	Zähne
Flunken	Arme
Hann	Hände
Beerbuuk	Bierbauch
dicken Moors	dicken Arsch
inne Büx	in der Hose
Been	Beine
Plattfööt	Plattfüße
Buukweh	Bauchweh
Hoosten	Husten
Snuppen	Schnupfen
verköhlen	erkälten
Sünnbrand	Sonnenbrand
Snoddernees	Schnotternase, Schnupfen
Smarten/Wehdaag	Wehtage, Leiden, Schmerzen

Land un Lüüd – Land und Leute

Afkoot	Anwalt
Börgermester	Bürgermeister
Buernknüll	Dorfplatz
Discher	Tischler
Dokter	Arzt
Dörpskroog	Dorfkrug
Drögaptheker	Apotheker
Füürwehr	Feuerwehr
Gröönhöker	Gemüsehändler
Höker	Kaufmann
Kalkoss	Maurer
Kark	Kirche
Karkhoff	Friedhof
Kaaten	Kate
Kröger	Gastwirt
Moler	Maler
Paster	Pastor
Pillendreiher	Apotheker
Putz	Polizist
Putzbüdel	Friseur
Schoolmester	Lehrer
Schosteenfeger	Schornsteinfeger
Schüün	Scheune
Slachter	Schlachter
Snieder	Schneider
Sprüttenhuus	Spritzenhaus
Kusenbreker	Zahnarzt
Timmermann	Zimmermann

Kledaasch – Kleidung

barfoot	barfuß
Büx	Hose
Hanschen	Handschuhe
hölten Tüffeln	Holzpantoffeln
Hoot	Hut
Jack	Jacke
Kleed	Kleid
Koppdook	Kopftuch
Langschäfter	Schaftstiefel
Mütz	Mütze
Pudelmütz	Pudelmütze
Puschen	warme Hausschuhe
Schinkenbüdel	Schinkenbeutel, lange Unterhosen
Slips	Schlips
Stebel	Stiefel
Strotenschoh	Straßenschuhe
Strump	Strümpfe
Strumpbüxen	Strumpfhosen
Ünnerbüx	Unterhose
Gummistebel	Gummistiefel

Schimpfwörter

Drömelklaas	Träumer
Drümpel	Tölpel, Dummkopf
Dummbüdel/ Dummerjahn	einfältiger, naiver Mensch
Flööz	Flegel, Rüpel
Giezknuppen	Geizhals
Quengelkopp	gereizter Mensch
ole Kettelflicker	alter Kesselflicker
Klookschieter	Klugscheißer
Quarkbüdel	Querulant
Quiddje	Hochdeutscher
rammdöösig	begriffsstutzig
Röddeldöös	Schwätzer
Scheethammel	Scheißkerl
Sleef	Taugenichts
Snöterliese	Plappermaul
Striedhammel	Streithammel
Snodderbengel	Rotzbengel
Snösel	Flegel

An die Adresse des Mannes gerichtet

aasiger Kerl	widerwärtiger Kerl
betsch	grimmig, launisch
biestig	brutal
bregenklöderig	schwachsinnig
Bullerballer	jähzorniger Kerl
Dieskopp	eigensinniger Kerl
Dweerkopp	Querkopf
fimmelig	verrückt
Fuuljack	Nichtsnutz, Faulpelz
Gnitschkopp	mürrischer Kerl
Knatzkopp	mürrischer Kerl
Hackenbieter	Streithammel
Halsafsnieder	Halsabschneider
Hannak	Halunke
Schubberjack	Lump, Betrüger
Smeerlappen	Schmierlappen
traandösig	schwerfällig
Pantüffelheld	Pantoffelheld

An die Adresse der Frau gerichtet

Gaffeltang	Klatschweib
Huusbessen	Hausdrachen
Jumfer	Jungfer
Möhm	altes Weib, Hexe
Postüür	unausstehliches Weib
Schreckschruuf	Schreckschraube
Sluderwief	Schluderweib, Quasselstrippe
tutige Deern	treudoofes Mädchen
Waschwief	Waschweib
Zeeg	Ziege
zick	zickig, albern
Zipp	Kaninchen, eingebildete Frau

Dammig nochmol! – Fluchen

Denn Schiet sall de Düwel holn!	Den Scheiß soll der Teufel holen!
Mi kannst an Moors klein!	Du kannst mich am Arsch kratzen!
Nu is de Buck over fett!	Nun ist der Bock aber fett!
Lot mi mit denn Nusselkrom an Land!	Lass mich mit dem Kleinkram in Ruhe!
Denn Dreck kannst sülm moken!	Den Dreck kannst du selbst machen!
Min Geduld is nu toend!	Meine Geduld ist nun zu Ende!
Dat dörf nich wohr wesen!	Das darf nicht wahr sein!
So'n Larm is nich mehr tom Utholen!	So ein Lärm ist nicht mehr zum Aushalten!
Nu sleiht over dörteihn!	Nun schlägts aber dreizehn!
Verdimmig, verdorig, so'n Schiet!	Verdammt noch Mal, so ein Scheiß!
Uns geiht sowat över de Hootsnoor!	Uns geht so etwas über die Hutschnur!
Hör op mit düssen Höhnerkroom!	Hör auf mit diesem Hühnerkram!
So'n mistiges Wedder over ok!	So ein Mistwetter aber auch!
Mi geiht hüt alln's scheef!	Mir geht heute alles schief!

Das ist
noch nicht alles!
Mehr Reise Know-How gibt es hier:
www.reise-know-how.de
@ReiseKnowHow
@reiseknowhowverlag
@Reise_KnowHow
auf www.reise-know-how.de
für den Newsletter anmelden
Zugspitze, Foto: Aneta Niemitz
Reisen mit Know-How

Register

A

B

C

D

E

F

Impressum

Hans-Jürgen Fründt

InselTrip Fehmarn

4., neu bearbeitete und aktualisierte Auflage 2023

ISBN 978-3-8317-3761-1

Printed in Germany

Druck und Bindung: mediaprint solutions GmbH, Paderborn

Herausgeber: Ulrich Kögerler, Klaus Werner
Layout: amundo media GmbH (Umschlag, Inhalt), Peter Rump (Umschlag)
Lektorat: amundo media GmbH
Karten: Ingenieurbüro K. Wendler, amundo media GmbH
Anzeigenvertrieb: KV Kommunalverlag GmbH & Co. KG, Alte Landstraße 23, 85521 Ottobrunn, Tel. 089 928096-0, info@kommunal-verlag.de
Kontakt: Osnabrücker Str. 79, 33649 Bielefeld, info@reise-know-how.de

Alle Angaben in diesem Buch sind gewissenhaft geprüft. Preise, Öffnungszeiten usw. können sich jedoch schnell ändern. Für eventuelle Fehler übernehmen Verlag wie Autor keine Haftung.

Bildnachweis

Umschlagvorderseite: © Jürgen Wackenhut, stock.adobe.com | Umschlagrückseite: © engel.ac, stock.adobe.com | Umschlagklappe rechts: © Jürgen Wackenhut, stock.adobe.com

Soweit ihre Namen nicht vollständig am Bild vermerkt sind, stehen die Kürzel an den Abbildungen für die folgenden Fotografen, Firmen und Einrichtungen. Hans-Jürgen Fründt: hj | Susanne Muxfeldt: mux | Jan Gerbach: jg

Fehmarn mit PC, Smartphone & Co.

QR-Code auf dem Umschlag scannen oder **www.reise-know-how.de/inseltrip/fehmarn23** eingeben und die **kostenlose Web-App** aufrufen (Internetverbindung zur Nutzung nötig)!

★**Anzeige der Lage und Satellitenansicht aller** beschriebenen Sehenswürdigkeiten und weiteren Orte
★**Routenführung** vom aktuellen Standort zum gewünschten Ziel
★**Exakter Verlauf** der empfohlenen Wanderungen und Radtouren
★**Updates** nach Redaktionsschluss

GPS-Daten zum Download

Die GPS-Daten aller Ortsmarken und Wanderungen sowie Raftouren stehen auf der Produktseite des Titels auf www.reise-know-how.de zum Download zur Verfügung.

Inselplan für mobile Geräte

Um den Inselplan auf Smartphones und Tablets zu nutzen, empfehlen wir die App „Avenza Maps" der Firma Avenza™. Über die Funktion „Store" kann die „Islandmap Fehmarn 2023" kostenlos geladen werden.

Zeichenerklärung

- Hauptsehenswürdigkeit
- Aussichtsturm
- Bus
- Camping
- Erhebung
- Flugplatz
- Golfplatz
- Hafen
- Jugendherberge, Hostel
- Kirche, Kapelle
- Leuchtturm
- Parkplatz
- Sehenswürdigkeit
- Sendeturm
- Strand
- Surf-Spot
- Windmühle
- Windrad

- Wanderung 1 (s. S. 88)
- Wanderung 2 (s. S. 90)
- Radtour 1 (s. S. 93)
- Radtour 2 (s. S. 96)

- Übernachtung
- Essen und Trinken
- Einkaufen/Sonstiges
- Aktiv

Bewertung der Attraktionen

- ★★★ nicht verpassen
- ★★ besonders sehenswert
- ★ wichtig für speziell interessierte Besucher